兼六園

KENROKUEN GARDEN

監修／石川県金沢城・兼六園管理事務所

満開の桜

兼六園菊桜や旭桜、
兼六園熊谷桜、ヒガンザクラ、
ソメイヨシノなど約40種類、
約420本の桜がある

カキツバタ 鮮やか
約4万本が徽軫《ことじ》灯籠《とうろう》の前や
花見橋付近などの曲水に植えられ、
5月初旬から6月初旬まで楽しめる

芸術的な「紅葉絵巻」
モミジ類約３３０本、
サクラ約３８０本、
ケヤキ約60本、ドウダンツツジ等が
鮮やかに色づく
（写真は山崎山周辺と翠《みどり》滝《たき》）

一面の銀世界

徽軫灯籠などが雪化粧され、風情が一段と増す。
霞《かすみ》ケ《が》池《いけ》や瓢《ひさご》池《いけ》は氷結した状態となることがある

黄金色に輝く唐崎松《からさきのまつ》
ライトアップされる兼六園。
冬には、園内のマツやツツジなど約800本に
雪吊《づ》りが施される

←金沢城公園
石川橋
兼六園観光案内所
ことじ橋
桂坂口
桂
下坂
見城亭
蓬莱堂
万清亭
九谷東山窯
茶店通り（江戸町通り）
堤亭
清水亭
城山
蓮池門通り
蓮池門口
お堀通り
芭蕉の句碑
氷室跡
木橋
曲水
山崎山
山崎山御亭
寄石灯籠
曲水
華寺型灯籠
御室の塔
山崎山下の苔地
沈砂池
小立野口
龍石の椿
石川県立伝統産業工芸館
成巽閣
金沢神社
城霊沢
鳳凰山
入場者出入り口
料金所・案内所
お手洗い
N
E
S
W

はじめに

本書は、日本三名園の1つに数えられ、国の特別名勝である兼六園をより楽しんで見ていただくために作成したガイドブックです。

「兼六園の見どころ」として、散策しやすいように全体を8つのコースに分け、それぞれのコースに地図を付けました。このコースをたどることによって、興味を持ったスポットとその周辺を効率よく観賞することができます。撮影ポイントには写真にを付けました。

このほか、金沢城の防衛の役割を果たしたことや水の演出など、園の特長を「兼六園のこころとかたち」にまとめ、加賀藩主前田家との関わりから現代までの歩みを「兼六園の略史」として掲載しました。フランス・ミシュラン社の旅行ガイドブックで「三つ星」を獲得した名園の魅力を余すことなくご紹介いたします。

北國新聞社出版局

目　次

兼六園の見どころ

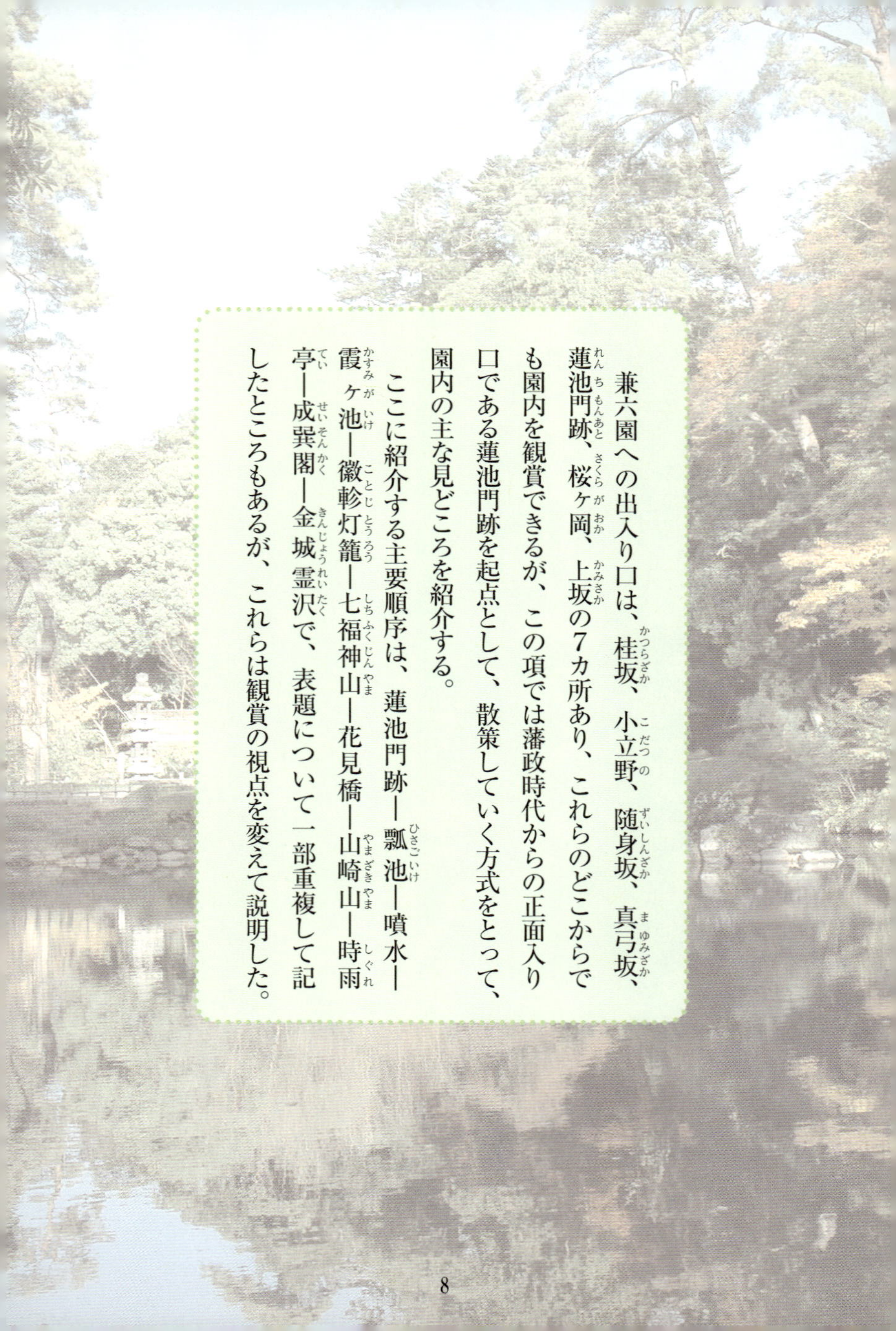

兼六園への出入り口は、桂坂《かつらざか》、小立野《こだつの》、随身坂《ずいしんざか》、真弓坂《まゆみざか》、蓮池門跡《れんちもんあと》、桜ヶ岡《さくらがおか》、上坂《かみさか》の7カ所あり、これらのどこからでも園内を観賞できるが、この項では藩政時代からの正面入り口である蓮池門跡を起点として、散策していく方式をとって、園内の主な見どころを紹介する。

ここに紹介する主要順序は、蓮池門跡—瓢池《ひさごいけ》—噴水—霞ヶ池《かすみがいけ》—徽軫灯籠《ことじとうろう》—七福神山《しちふくじんやま》—花見橋—山崎山《やまざきやま》—時雨《しぐれ》亭《てい》—成巽閣《せいそんかく》—金城霊沢《きんじょうれいたく》で、表題について一部重複して記したところもあるが、これらは観賞の視点を変えて説明した。

蓮池庭《れんちてい》エリア

兼六園草創《そうそう》の地

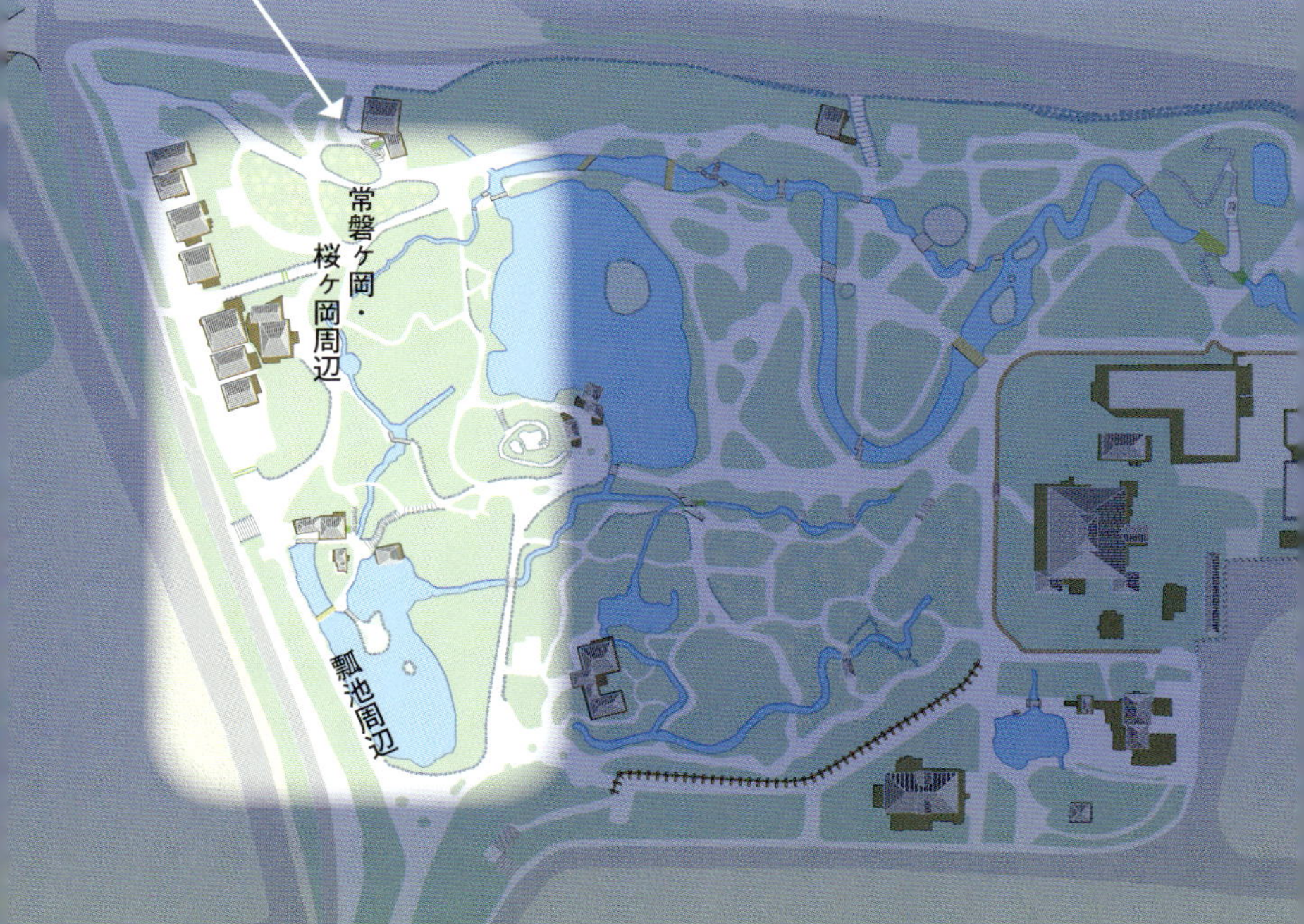

兼六園は上段の南東台地(千歳台《ちとせだい》)と、下段の北西傾斜地に分かれ、北西傾斜地は蓮池庭と呼ばれていた。

　兼六園草創の地は、加賀藩5代藩主前田綱紀《つなのり》によってつくられた蓮池庭である。現在の瓢池《ひさごいけ》、常磐《ときわ》ヶ岡《がおか》、桜《さくら》ヶ岡《がおか》一帯にあたる。

　この辺りは今でも幽邃《ゆうすい》(奥ゆかしく静かな)、蒼古《そうこ》(古びた趣)の景観が色濃く残っている。

瓢《ひさご》池《いけ》周辺

堤亭
兼六亭
清水亭
城山亭
噴水
時雨亭跡
② 松濤坂
蓮池門通り
兼六園三芳庵
①
蓮池門口
④ 夕顔亭
⑤ 竹根石手水鉢
⑤ 井筒型手水鉢
⑤ 程乗手水鉢
⑥ 翠滝
⑧ 海石塔
⑦ 汐見橋
⑦ 日暮らし橋
しだれ桜
お堀通り
③ 瓢池
時雨亭
キササゲ
長谷坂
真弓坂

蓮池門跡

1 蓮池門跡《れんちもんあと》

お堀通りに面する表門の名残

お堀通りに面して幅広い石段がある。ここが兼六園の表門(正門)で、江戸末期の古い図には石段を登った右にやや大きな番所がある。両側に部屋が付いた2階建ての大きな門で、三十人組と呼ばれる役人が守っていた。この門に奥州白河藩主・松平定信《まつだいらさだのぶ》が書いた「兼六園」の額が掲げられていた。現在は石川県立伝統産業工芸館に展示されている。石段の右手には「特別名勝兼六園」の石標が建てられている。

この**蓮池門跡**からお堀通りを隔てて金沢城跡が

「特別名勝 兼六園」の石標

松濤坂

見える。右手に城の搦手門《からめてもん》（裏門）である石川門がある。鉛瓦《なまりがわら》の屋根が優美さを際立たせる石川門と海鼠塀《なまこ》の景観は、周辺の樹木と一体となって加賀百万石の「国府の城」としての風格を伝える。

2 松濤坂《しょうとうざか》

蓮池門跡《れんちもん》の石段を上ると見える

蓮池門跡の石段を上ると正面に幅広い坂道が続く。この坂道を**松濤坂**と言い、松籟《しょうらい》（まつかぜ）を濤《なみ》（大きな波）に例えて坂の名称を付したと伝えられている。また、ある書物ではこの坂を表坂とも言い、蓮池門の正面にある坂道という意味である。シイ、モミ、アカマツなどの大樹が茂り、鬱蒼《うっそう》として昼なお暗いこの坂道は、都会の喧騒《けんそう》を忘れさせてくれる。

瓢池

3 瓢《ひさご》池《いけ》

園内で最も古い時代に作庭

松濤坂《しょうとうざか》の途中からすぐ右手に折れて渓流沿いを下ると、**瓢池**を中心にした庭園がある。

百間堀《ひゃっけんぼり》（現在のお堀通り）からこの辺り一帯は、藩政時代以前から蓮《はす》が池や沼の一面に生育していたので、蓮池と呼ばれていた。瓢池もそれらの自然の池沼の1つに手を加えてつくられた泉水であり、後に兼六園と名付けられるまでは蓮池庭《れんちてい》の名で通っていた。ここが園内でも最も古く、本園の作庭はこの一帯から始まったのである。

瓢池は池の中ほどがくびれて瓢《ひさご》（瓢箪《ひょうたん》）の形をしているので、その名がある。面積約2500平方メートル（760坪）で、園内4つの池の中で2番目に広い。現在大小の2つの島があり、瀟洒《しょうしゃ》な茶

夕顔亭

席夕顔亭《ゆうがおてい》のあるところは陸続きになっているが、ここも以前は島であった。夕顔亭のある島、海石《かいせき》塔《とう》のある島、岩島に分かれ、それぞれ蓬萊《ほうらい》、方丈《ほうじょう》、瀛州《えいしゅう》と呼ばれる三神仙島である。この3つの代表的な不老長寿の島、神仙島をかたどったものであり、「三島一連の庭」と言い、永劫《えいごう》の繁栄を祈り、一族の繁栄を永遠たらしめたいとの願いをもって築かれたものである。

瓢池の見どころは「翠滝《みどりたき》」、茶亭「夕顔亭」と、その「露地《ろじ》」、中島にある「海石塔」、その中島の南側にある「岩島」が主なものである。

ここは春に枝垂桜《しだれざくら》が咲き誇り、新緑によく映え、翠滝の飛沫《ひまつ》によって夏も涼しい。秋になればカエデの紅葉が錦織りなし、冬は雪景色と、四季折々の風情があり日を楽しませてくれる。

4 夕顔亭《ゆうがおてい》

園内に残る藩政期唯一の建物

瓢池《ひさごいけ》東岸に面して茶亭**夕顔亭**がある。1774

夕顔の透かし彫り

(安永3)年に11代藩主前田治脩《はるなが》によって建てられた。蓮池庭《れんちてい》にあった4亭の1つで、当時の姿をその場所とともに伝える唯一のものである。茶室内の壁に夕顔の透かし彫りがあるので、その名が付けられたとされる。

本席は千利休《せんのりきゅう》の高弟・古田織部《ふるたおりべ》好みの3畳台目、下座床《げざどこ》、相伴畳《しょうばんだたみ》付の小間である。茶室は外景を断《た》って閉ざされた空間とすることも多いが、滝や池庭を眺め、滝の音に耳を傾けて茶を楽しむという趣向となっている。作庭当時は滝見之御亭《たきみのおちん》、中嶋之茶屋とも呼ばれていた。

そのたたずまいは侘《わ》びた茅葺《かやぶ》きの草庵の趣であり、躙《にじ》り口がない。土庇《ひさし》が深く回り縁があり、美しい入り込みを見せている。なお、1989(平成元)年に県の有形文化財に指定された。

夕顔亭露地

5 夕顔亭《ゆうがおてい》露地《ろじ》・程乗《ていじょう》手水鉢《ちょうずばち》・井筒型《いづつがた》手水鉢《ちょうずばち》・竹根石《たけねいし》手水鉢《ちょうずばち》

茶庭の風流な味わい

夕顔亭周辺は**露地**（茶庭）となっており、飛石《とびいし》伝いに蹲踞《つくばい》、手水鉢、灯籠《とうろう》などがある。茶亭のぬれ縁近くに蹲踞があり、金工で有名な後藤程乗《ごとうていじょう》の彫刻と伝えられる高さ45センチ、直径85センチの円柱形の**程乗手水鉢**が据えられている。自らの琴の音を最も理解した友人の死を嘆き、一生、琴を弾かないことを誓った名手・伯牙《はくが》の姿が浮き彫りされていて、**伯牙断琴《だんきん》の手水鉢**とも称されている。茶庭の蹲踞としては珍しく大ぶりで型破りな人の意表をつく形であるが、侘《わ》びのある露地の風情を失っていない。この円柱形の手水鉢は黒みがかった坪野石でできており、台石の長方形の御影石《みかげいし》との丸と角、黒と白の対比が美しい。草庵でありながら、手水鉢を軒内に据え、縁使いもできるしつらえとなっており、雪国の知恵をうかがうことができる。

井筒型手水鉢

竹根石手水鉢

程乗手水鉢

露地中央付近にシイの古木があって、樹下に**井筒型手水鉢**が置かれている。とうとうと水が湧き出る様子からは風流な味わいが感じられる。

また、池辺近くに**竹根石手水鉢**が見られる。小間の茶室の露地に用いられる蹲踞の形態をしたものであるが、人が歩み寄れる飛び石は配されておらず景趣のため据えられているようである。高さ65センチ、直径42センチのこの石は、太い竹の根の化石や、竹の姿をした石と言われてきたが、実際は太古のヤシ類の化石で、極めて珍しく、学術上貴重な資料となっている。

奥の露地にある景石の近くに、カシワが植えられている。落葉樹であるが、葉が枯れても樹上にあってなかなか落葉しないところから、葉は枯れても死なないという生命力を象徴している。跡目相続を祈念し、子々孫々、繁栄を願って配されたものであろう。

6 翠《みどり》滝《たき》

高さ6.6メートルから注ぎ落ちる

翠滝は夕顔亭《ゆうがおてい》の対岸の茂みの中に架かっている。別名、紅葉滝、松蔭《まつかげ》滝とも言われている。霞《かすみ》ヶ《が》池《いけ》から流れ出て瓢《ひさご》池《いけ》東方に落下する大滝で、1774(安永3)年、夕顔亭とともに完成した。起伏に富んだ自然の地形を生かした滝は、観る滝であると同時に、音を聞いて楽しむ工夫がされている。滝壺《つぼ》はなく布落ちで、一度落下した水は石に当たって砕け広がり、瓢池に注ぎ落ちる。高さは約6・6メートル、幅約1・6メートル。水量豊富で滝音も大きい。その荘厳さは他庭には見られない規模で、人工の滝とは思えない見事さである。夕顔亭前の園路から眺める翠滝は、兼六園の中でも最も景観の優れている場所の1つである。

翠滝

翠滝は、兼六園の中でも大規模な石組みがなされている場所である。滝付近は奥深く、渓谷風に多くの石が組まれている。滝口の左右は巨石を配した力強い石組みで、豊富な水量を生かした自然風の趣である。

初夏の頃はフジの花盛りで、白の花の色を池に映して美しい。秋が近づくと滝上、側崖に枝を垂れたカエデが紅葉の錦となる。池畔《ちはん》の樹林は鬱蒼《うっそう》として、渓谷の紅葉、モミジ谷を象徴し、六勝の

日暮らし橋

幽邃《ゆうすい》、蒼古《そうこ》、水泉《すいせん》の感はひとしおである。

なお池畔にあるカエデの古木は、当時藩主が遠く、竜田《たつた》、高尾、小倉山など、モミジの名勝地から移植したもので、品種の異なるものが植えられていることもあって、色彩に富み、渓谷美とともに燃えるような紅葉が池面に映える。ここは山崎山や霞ヶ池周辺の紅葉の時期より少し遅くなるが、紅葉は滝の上部から下りてきて、季節の移ろいを味わうことができる。

7 日暮《ひぐ》らし橋《ばし》・汐見橋《しおみばし》

瓢池《ひさごいけ》に架かる石と木の橋

瓢池には石橋と木橋が架かっている。夕顔亭《ゆうがおてい》露《ろ》地《じ》から瓢池の中島に架かっている石橋が**日暮らし橋**で、この橋のほとりに立って、辺りを眺めてい

汐見橋

るといくら見ていても飽きず、いつしか日が暮れたというので、その名が付いたとされる。戸室石の板石でつくられ、長さ約13メートル、幅約1・75メートル。敷石部は青戸室石で表面の模様が筋《すじ》違《かい》の「四半《しはん》模様」となっていて、幾何学模様が美しい。

夕顔亭露地から百間堀《ひゃっけんぼり》側へ渡る木橋を**汐見橋**という。昔は樹木も小さく、街には高層な建物もなかったので、この橋上からはるか西方の日本海を眺めることができた。そのことから、この名が付いたと伝えられている。

8 海《かい》石《せき》塔《とう》

高さ4.1メートルの6重の塔

日暮らし橋を渡ると中島に**海石塔**が建っている。

海石塔

高さ約4・1メートルの6重の塔で、笠石が海中から採掘した虫食い石であることから、海石塔の名が付いたと言われる。宝珠《ほうじゅ》と請花《うけばな》、火袋《ひぶくろ》が坪野石、低い横長の火袋(塔軸)は青戸室石でできており、笠の海石と合わせ、3種類の石材と色彩(黒色、青色、淡黄色)の取り合わせは絶妙で、気品に満ち味わい深いものがある。

3代藩主前田利常《としつね》がつくらせて、金沢城、玉泉院丸の庭園にあった13層の石塔の一部を後にここに移したものではないかといわれている。

塔の笠は奇数で成り立っているものだが、これは6つあり、1つ足りないのは事実である。しかし、このような詮索《せんさく》は別にして、華麗な塔は、その傍らに園内の名物となっている枝垂桜《しだれざくら》と調和して、開花期には妖《あや》しいまでに美しいたたずまいとなる。

常磐《ときわ》ケ《が》岡《おか》・桜《さくら》ケ《が》岡《おか》周辺

時雨亭跡

1 時雨《しぐれ》亭《てい》跡《あと》

往時しのぶカシの古木そびえる

松濤坂《しょうとうざか》を上ると、左手に一面苔《こけ》で覆われた平地に出る。ここが**時雨亭跡**である。時雨亭という御《お》亭《ちん》があったところで、今は西南の隅に往時をしのぶカシの古木がそびえている。

ここはもと蓮池庭《れんちてい》の御屋敷（蓮池御亭）のあったところで、5代藩主前田綱紀《つなのり》が一時政務を執っていた。6代藩主前田吉徳《よしのり》が1726（享保11）年頃に規模を小さくして蓮池御亭の改修を行った。この地は綱紀の起居していた所として遺徳をしのび、大切にされたところである。

時雨亭は廃藩後、撤去されたが、2000（平成12）年3月、千歳台《ちとせだい》の西南部の長谷池《はせいけ》前に、当時の資料をもとに再現されている。蓮池庭であった頃、この御亭を中心に観楓《かんぷう》（紅葉観賞）、観月の宴、茶の湯などが開かれていた。この亭からの庭の眺めは、大変優雅であったと思われる。

噴水

2 噴《ふん》水《すい》

現存する日本最古、水源は霞ケ池《かすみがいけ》

時雨亭《しぐれてい》跡の園路を隔てて向かい側に**噴水**がある。この噴水は上にある霞ヶ池を水源にして、自然の水圧で上がっている。通常、水の高さは約3・5メートルで霞ヶ池の水位によって変わる。金沢城内の二ノ丸に噴水を作るための試作であったと言い伝えられている。現存する日本最古の噴水であり、日本庭園に噴水を設置して楽しむという試みは従来の型を越えた新しい庭園意匠である。

江戸末期に描かれた兼六園絵巻に「蓮池御亭擔前之景」と題された図があるが、御亭の前の景色で、せせらぎが左から流れて噴水を配し、それが巨石の黄門橋《こうもんばし》を渡す渓谷の急流に変わっていく景色を優雅に描いていて、今も変わらぬ庭景である。

常磐ヶ岡

なお、噴水前にある花崗岩《かこうがん》の切石（縦約1・4メートル、横約1・95メートル）も噴水を観賞するための配石として効果的である。

3 常磐ヶ岡《ときわがおか》・白龍湍《はくりゅうたん》

栄螺山《さざえやま》の裏一帯、流れが急に

松濤坂《しょうとうざか》から噴水前を通り千歳台《ちとせだい》に通じる区域、栄螺山裏一帯の地が**常磐ヶ岡**である。霞ヶ池《かすみがいけ》北東部、虹橋《にじばし》付近からの水流は、虎石《とらいし》付近を巡りながら時雨亭《しぐれてい》跡前の噴水池へ注ぎ、黄門橋《こうもんばし》への流れとなる。もう一方の水流は、霞ヶ池の西北岸付近から暗渠《あんきょ》で10数メートルくぐり、栄螺山の北部で渓流となり、黄門橋の上流で先の流れと合流して水量を増し、**白龍湍**と言われている急流となり、瓢《ひさご》池《いけ》に注いでいる。

白龍湍と黄門橋、獅子巌《ししいわ》一帯は岩がそびえ、下は底もしれない峡谷となっている。この辺りは鬱《うっ》蒼《そう》としたマツ、モミの老樹、低木の茂み、小鳥のさえずりなど、さながら深山の趣が漂い、光が差し込む地表は一面苔《こけ》で覆われ、兼六園の六勝の幽《ゆう》邃《すい》、蒼古《そうこ》の境となっている。

白龍湍

4 黄門橋《こうもんばし》

アーチ型曲線を描く1枚石

噴水の前から右手にせせらぎ沿いに行くと、**黄門橋**がある。青戸室石の反り橋で黄門橋という名称は明治になってから付けられたものである。古図によると「石橋」となっている。

橋詰にある獅子巌《ししいわ》が前方の斜面に続き、背後の栄螺山《さざえやま》を清涼山に見立て、文珠菩薩《もんじゅぼさつ》の使者である唐獅子《からじし》によく似た自然石を配している。これは謡曲「石橋《しゃっきょう》」の舞台を想定して千秋万歳を寿《ことほ》ぐものとしてつくられたと思われる。橋は程よい大きさの台石の中央に、直角に据えられるのが通例であ

黄門橋

るが、この橋は大きな橋台石(縦約1・38メートル、横約4・15メートル、厚さ約0・55メートル)の端に115度の角度で斜めに架けられている。また、この橋を支える台石は大きいほど安定するが、大きすぎると主景である橋の景色が損なわれるので橋台部分のみ台石が厚くなっている。そして園路や橋上からは見えないように工夫されている。

反り橋は長さ約6・2メートル、幅約1メートル、厚さ約0・4メートルの緩やかなアーチ型曲線を描いた1枚石で、石の硬さを和らげている。桁《けた》と橋板を2枚石のように細工し、1枚石の単調さに工夫が凝らされ、立体感のある構成となっている。以上のように黄門橋は従来の型を破った独創的手法によりつくられ、橋の用と美の調和は類まれであるといえる。

さらに橋の用の美の観賞とともに、周辺の造園にも注目すべき点がある。山麓の上方には栄螺山

獅子巌

があって頂上には三重石塔がある。黄門橋から栄螺山の三重石塔の方向への見通し線（ビスタ）を設定して造園されたものと思われる。この辺り一帯、巨木の覆い茂る蒼古《そうこ》の境に、この開ける見通し線は奥行きと広がりを持ち、造園上重要な意味を持つものである。

5 獅《し》子《し》巌《いわ》

獅子の形をした魔除《よ》けの自然石

黄門橋《こうもんばし》を渡ると左たもとに**獅子巌**がある。犀川の青黒い滝坂産の自然石で、その名のごとく獅子の形をしている。動物の形をしている兼六園の自然石は獅子巌のほか、虎石《とらいし》、龍石《りゅうせき》があって、兼六園の3要石《かなめいし》と言われている。これらの名称は形状から名付けられたものであるが、百獣の王とされ

不老坂

小滝と浅瀬

る獅子と、強いばかりでなく知恵と品格を備えた龍と虎は、英雄、偉人を表している。これらの要石は兼六園を守護する魔除け石とされている。獅子巌と虎石は、藩政期の金沢城玉泉院丸庭園にあったものを兼六園に移したと言われている。

6 小滝《こたき》・浅瀬《あさせ》・不老坂《ふろうざか》・桜ケ岡《さくらがおか》

小鳥が水と戯れ、桜樹も多く

黄門橋《こうもんばし》から噴水前まで戻って、緩やかな坂道を上っていくと右側に**小滝**(布滝《ぬのたき》)と**浅瀬**がある。ここは小鳥たちの格好の水飲み場であるとともに、水浴び場になっている。水と戯れている小鳥たちの姿は心和むほほえましい光景である。

小滝の左手の園路からフジ棚をくぐって百間堀《ひゃっけんぼり》へ下りる坂があり、これを**不老坂**という。フジの

桜ヶ岡　春

旺盛な成長ぶりからこの不老の樹木にあやかって名付けられたという。樹齢は高く、若葉の頃、花房がたわわに垂れる。この不老坂の下、百間堀側に茶店が軒を並べているが、もと馬場のあったところである。

不老坂の右手の丘が**桜ヶ岡**で、桜樹が多くてその名がある。戦前の頃までは、金銀とりどりの短冊に、名歌、名句を書いてつるすという行事もあり、風流人が競い集まったものであるという。

4月の上中旬が花の見頃で、ソメイヨシノをはじめ、コヒガン、エドヒガン、コシノヒガン、オオシマザクラ、サトザクラなどが咲き競い、辺り一面桜の園となる。蓮池庭《れんちてい》4亭の1つである舟之《ふなの》御亭《おちん》はこの丘の辺りにあった。

桂坂

7 桂坂《かつらざか》・桂《かつら》

紺屋坂《こんやざか》を上り、桜ケ岡《さくらがおか》の中央へ

兼六園下のバス停から紺屋坂を上って、金沢城公園の石川門を右にして桂坂料金所から兼六園へ入ると、すぐ緩やかな坂道となる。桜ヶ岡の中央を通るのが**桂坂**で、右側の園地の崖際に**桂**の大木があることから、そのように呼ばれている。春先、葉に先立って小さな赤紫色の花を付ける。初夏の新緑、秋の黄葉も美しく、根元から次々と「ひこばえ」が林立している。

虎石

8 虎石《とらいし》

笹やぶにひそむように

桜ケ岡《さくらがおか》を上りつめると右手渓流沿いに**虎石**がある。霞ケ池《かすみがいけ》北岸のシイノキの木陰の笹やぶの中にあって、ちょうど虎が前足を低くしてほえている姿に似ているところから、その名がある。自然石で能登外浦の曽々木《そそぎ》か福浦あたりの石である。

3代藩主前田利常《としつね》が七尾から運ばせて、金沢城玉泉院丸庭園に据えたのを、後年、現在地へ移したと伝えられている。この石は獅子巌《ししいわ》、龍石《りゅうせき》とともに兼六園の要石で、魔の方向をにらんで兼六園を守る「魔除《よ》けの石」として知られている。

薄暗い夕方に見ると、あたかも生きている虎のように見え、神秘的である。

千《ち》歳《とせ》台《だい》エリアI
上段の南東台地

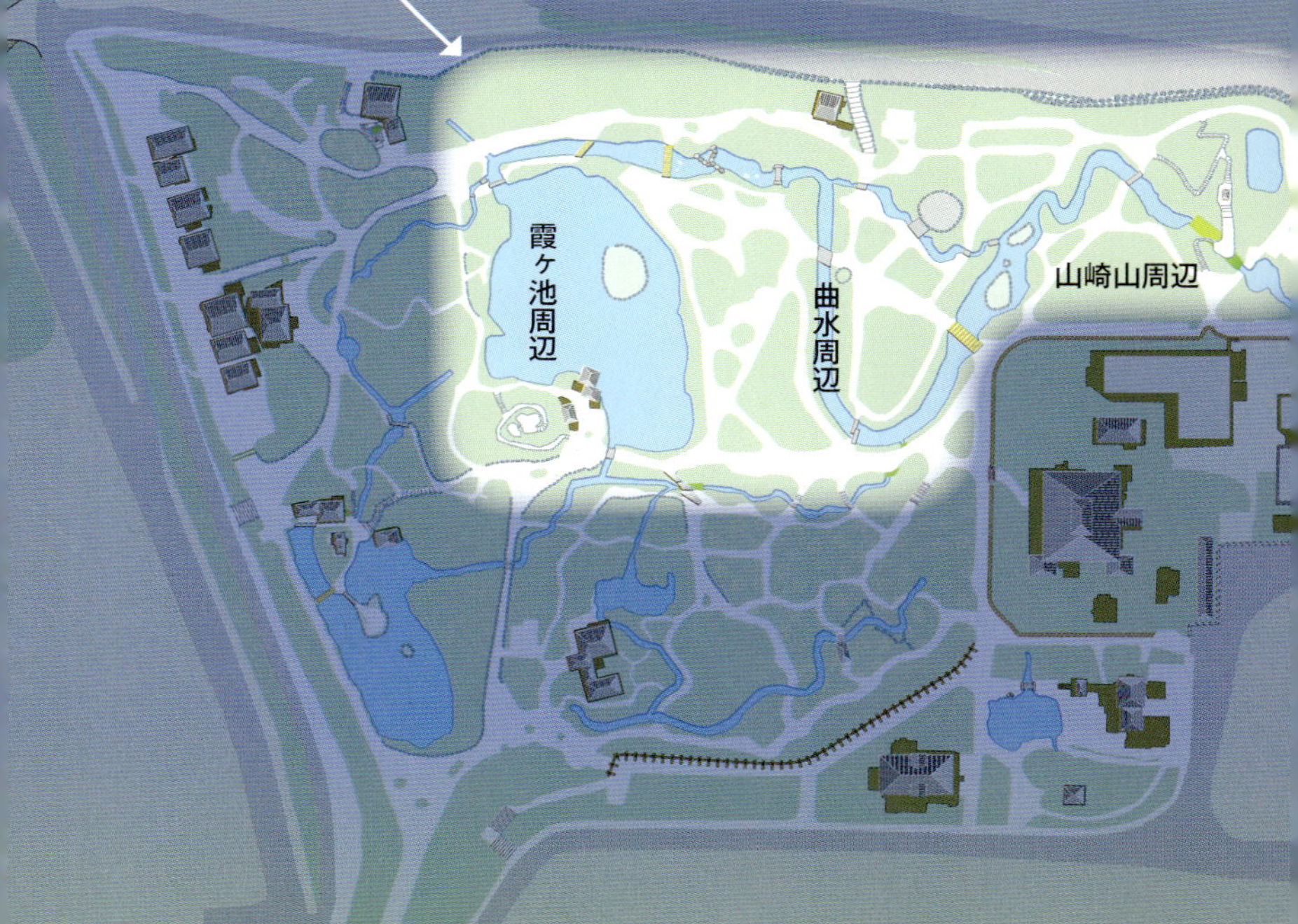

園の上段に位置する平坦な台地「千歳台」の築庭は、12代藩主前田斉広《なりなが》と13代藩主前田斉泰《なりやす》が行った。

斉広は1822（文政5）年に竹沢御殿《たけざわごてん》という広大で立派な隠居所を建て、書院にも庭園を設けた。斉泰は斉広の死後、この屋敷を撤去するとともに霞ヶ池《かすみがいけ》を拡張し、曲水を巡らせた。名高い景勝地の景色を写し、名木や名石も集め、蓮池《れんち》庭《てい》と千歳台が一体となった、今日の兼六園の姿を造り上げた。

霞《かすみ》ケ《が》池《いけ》周辺

上坂
眺望台
月見灯籠
姫小松
ハギ
カキツバタ
旭桜
曲水
月見橋
③ 瀬落とし
曲水
雁行橋
③ 徽軫灯籠
③ 虹橋
④ 唐崎松
虎石
常磐ケ岡
② 蓬莱島
地蔵堂
① 霞ケ池
塩釜桜
ユズリハ
⑦ 親不知
ボダイジュ
⑤ 内橋亭
茶店·内橋亭
⑥ 栄螺山
三重石塔
⑥ 避雨亭
⑥

霞ヶ池

1 霞《かすみ》ヶ《が》池《いけ》

園の中心部にある最大の池

常磐《ときわ》ヶ岡《がおか》の樹林の坂道を上りつめると、眼前に広く平らな園地が開ける。ここに園内の池で最も大きな**霞ヶ池**がある。園のほぼ中心にあたり、その周囲に蓬莱島《ほうらいじま》、徽軫灯籠《ことじとうろう》、虹橋《にじばし》、唐崎松《からさきのまつ》、内《うち》橋亭《はしてい》、栄螺山《さざえやま》、親不知《おやしらず》などの名勝を配置し、回遊しながら庭景を楽しめるよう園路が巡らされている。

標高53メートルの高台にあって、霞ヶ池に水が満たされている景観は最も優れた場所の1つである。池泉のまわりには多くの名木があり、珍しさだけでなく、樹形の美しさも格別である。四季折々の趣《おもむき》の中では秋から冬にかけての姿がよい。特に、雪が降り積もり、しんと静まりかえった日は、深い感銘を受けるだろう。

霞ヶ池の面積は約5800平方メートル（1800坪）、水深は深いところで約1・5メートル。内橋亭付近の西隅に流出口があって、ここからの水流は翠滝《みどりたき》になって、瓢池《ひさごいけ》に落ちる。

流出口から1メートルほど池に入ったところに「水落とし」と呼ばれる仕掛けがある。有事の場合、この栓を抜くと霞ヶ池から水がドッと流れ出し、百間堀《ひゃっけんぼり》の水位を上げる仕組みになっていたものと考えられる。池の一番深いところは、蓬莱島と徽軫灯籠の中間あたりで、1975（昭和50）年、霞ヶ池の改修工事の際、鯉溜《こいだま》りの深みが見つかった。ここも「水落とし」となっていたらしく、排水の途中、突然、轟音《ごうおん》とともにフナやウグイなどの小魚が渦を巻いて地下へ吸い込まれていった。排水用だったようだが、流出先は不明であった。いずれにしても「非常用貯水池」の役割も果たしていたようである。

霞ヶ池は見る方向によって趣が違ってくる。池の西南岸からの眺めは一段と際だっている。ここからの眺めは、奥行きが広く立体的で、兼六園の六勝の1つ「宏大《こうだい》」を代表するところである。

池の眺めは、卯辰山を借景に左に内橋亭、右に蓬莱島、正面に徽軫灯籠、虹橋など四方の眺めの趣がそれぞれ異なり、近景、中景、遠景の造園手法が駆使されている。眺望台からの眺めは手前に街並みを望むことができるが、ここからは山間《やまあい》を見る構成となっている。広々として1幅の絵、穏やかな天空の庭を見る思いで、兼六園の中でも最も景観の優れている場所の1つである。

風が吹き、木の葉がざわめいて水面にさっと小波が走ると、雨が無数の波紋を描く。晴れた日は青い空と白い雲を浮かべてキラキラと微笑《ほほえ》む。霞ヶ池は表情に富んだ兼六園の顔である。

蓬莱島

2 蓬莱島《ほうらいじま》

形は亀のよう、永劫《えいごう》の繁栄願う

霞ヶ池《かすみがいけ》の東岸寄りに浮かぶ**蓬莱島**は、竹沢御殿《たけざわごてん》の庭であった築山《つきやま》を、池を掘り広げて島としたものである。霞ヶ池を海に見立て、永劫の繁栄を願い、不老長寿の島、神仙島になぞらえている。島を亀の形に似せてあるので、別名を亀甲島《きっこうじま》とも呼んでいる。

島には唐崎松《からさきのまつ》に向かって亀の頭を表す巨大な石を据え、その反対側には尾を意図する石塔がある。対岸の唐崎松は、鶴が首を伸ばし、翼を広げている姿、つまり島の「亀」、松の「鶴」とで祝儀、めでたさを表している。

徽軫灯籠と虹橋

3 徽軫《ことじ》灯籠《とうろう》・虹橋《にじばし》・瀬落とし

園の象徴、優れた池畔《ちはん》の景

霞ヶ池の北岸に徽軫灯籠があり、その近くの曲水の流入部に虹橋が架かっている。

徽軫灯籠は足が二股《ふたまた》になっていて、ちょうど琴の糸を支える琴柱《ことじ》に似ているので、その名がある。この灯籠は水面を照らすための雪見灯籠の変形で、高さ約2・7メートル、1脚は水中にあり高さ約1・9メートル。他方が護岸石組みの一石に短脚の先が架かっていて、高さは約0・8メートル。脚の不均斉さが、かえって一種の破調の美を呈している。

灯籠の前に架かる**虹橋**は赤戸室石の反り橋で、琴の形のように緩やかな曲線を描いている。別名を琴橋《ことばし》と呼び、琴の胴を連想させる近代的なデザインである。長さ約5メートル、幅1・1メートルの1枚石で、徽軫灯籠の破調の美と琴橋の曲線の美が一体となって優れた風景を描き出している。

虹橋のすぐ上流には小さな堰《せき》がある。そこを越える**瀬落とし**は瀬音も軽快なリズムを奏で、琴の

瀬落とし

糸のように美しい。灯籠の「琴柱」、虹橋の「琴の胴」、瀬落としの「琴の糸」と、琴にちなむテーマで構成されていて、せせらぎの水音を聞きながら、雅楽の妙を味わえる。

ここは徽軫灯籠、曲水に架かる虹橋、曲水の瀬落とし、灯籠の傍らのモミジの古木が一体となり、優れた造形に四季の変化と水の動きが加わり、池畔の景として兼六園の中でも最も景観の優れている場所の1つである。兼六園の象徴としてポスターや絵葉書に必ず登場するまでになっている。

4 唐《から》崎《さき》松《のまつ》

園内随一の枝ぶりを誇る

霞《かすみ》ケ《が》池《いけ》北東池《ち》畔《はん》にある**唐崎松**は、枝が低く覆うように広がり、水面に美しい影を落としている。

唐崎松

長年の間、剪定《せんてい》整姿を繰り返し仕立てられたクロマツで、兼六園の中で最も枝ぶりの見事な木である。近江八景の1つ、琵琶湖畔の唐崎松から種子を取り寄せて育てたものである。

冬の園内には、木々の枝を雪折れから守るために、主な樹木に毎年11月初旬から雪吊りが施される。雪吊りには「りんご吊り」「幹吊《づ》り」「竹又吊り」「しぼり」などがあるが、姿の美しさでは、りんご吊りが一番である。中でも、この唐崎松のりんご吊りの姿は素晴らしい。支柱を立てて円錐《えんすい》形に縄を張った姿は、冬の庭の景観を引き立て、他の名園では見られない北国ならではの風情となっている。

霞ヶ池に張り出したマツの雪吊りは、かつて舟を出して行っていた。1樹に寄せられる愛情ゆえの心温まる作業である。

この地方では兼六園の雪吊りが始まると、いよ

内橋亭

いよ冬支度、冬の訪れとなる。晩秋の金沢の風物詩となっており、この唐崎松の雪吊りが毎年、テレビや新聞などで紹介される。

5 内橋亭《うちはしてい》

霞ヶ池《かすみがいけ》に浮かぶように造られる

霞ヶ池の西南岸に水上に突き出して水亭《すいてい》が設けられている。これが**内橋亭**で、もと蓮池庭《れんちてい》内にあった4亭の1つで蓮池馬場の馬見所にあったものを、1874(明治7)年頃、現在の場所に移築したものである。栄螺山《さざえやま》の鬱蒼《うっそう》とした樹々を背景に、太い角型の石脚を立ててこの亭はあたかも水面に浮かび、柿葺《こけらぶ》きの建物も庭景の1つとなっている。

池の縁に建つ8畳の間から、板縁を通って反り橋を渡り、6畳の間の水亭に至る。三方は窓とな

栄螺山

って手摺《てすり》が設けられ、園内の風景を展望できる。花や月、雪など四季折々の眺めが素晴らしい。霞ヶ池の水面に豊かな樹枝を張り、緑と水とが相映する唐崎松《からさきのまつ》を望むこの一亭は、兼六園の代表的な景観の1つとなっている。通常は非公開であるが、兼六園の開園記念日の毎年5月7日の1日だけ公開され、茶会が開かれている。御亭の入り口を脇へ回り、枝折戸《しおりど》を開けば舟着き場へ出られる。

なお、内橋亭の傍らの池端にはボダイジュ、ヤマモモの古木があって添景となっている

6 栄螺山《さざえやま》・避雨亭《ひうてい》・三重石塔《さんじゅうせきとう》

時計回りの道が頂上まで続く

霞ヶ池《かすみがいけ》の西岸にあたる**栄螺山**は、13代藩主前田

避雨亭

栄螺山の全景

斉泰《なりやす》が霞ヶ池を掘り広げたときの土を盛りあげた築山《つきやま》である。登路はサザエの殻《から》のように、ぐるぐる回る道が頂上まで続いているのでこの名がある。

また、山頂に盤石を畳み、屋根が傘の形をした**避雨亭**があるので別名を傘山《からかさやま》といわれている。高さ約9メートル、周囲約90メートルで、山頂には避雨亭のほか、**三重石塔**がある。

避雨亭は雨を避ける小亭で、庭園の一景として捨てがたいものである。

三重石塔は12代藩主前田斉広《なりなが》を供養するため建てたもので、青戸室石と赤戸室石を組み合わせた高さ約6・5メートルの四角型石塔である。加賀藩石積方《いしづみかた》7代目穴生《あのう》源介父子の作と伝えられる。この中に13代藩主前田斉泰の生母栄操院《えいそういん》が能登国の法住寺《ほうじゅうじ》にあった桜で作らせた仏像と、先代斉《なり》広《なが》の肖像に法華経を添えて納めてあったと伝えられるが現在はない。

山頂から見渡す卯辰山や霞ヶ池の眺め、観月も格別で興趣の尽きないところである。

石川県は2009（平成21）、2010年度に栄螺山を発掘調査し、石垣の修復工事も行った。古木が全山を覆い、見通しも良くなかったが、樹木の下枝等が整備され、明るさを取り戻した。

山の一角には、城の石垣そっくりに築いた石垣があり、築山として大変珍らしいつくりである。作庭当時は加賀平野、日本海さらに遠くは白山市松任地区、小松市の安宅あたりまでを見渡せ、四辺の眺めもよく、見晴らし台として使われていたようである。

長く密生した樹林で一部眺望が失われていたが、修築により、月見台の趣を呈している。

三重石塔

7 親不知《おやしらず》

北陸道の難所をしのばせる

霞ヶ池《かすみがいけ》を周遊しながら内橋亭《うちはしてい》の横を通っていく

親不知

と、栄螺山の山腹が霞ヶ池に迫り、崖下には大きな護岸の配石とともに沢渡りがある。山の下部、池畔《ちはん》に面したところに多くの石組みがなされ、特に美しい。岩の荒々しい様子が、北陸道の難所、新潟県の親不知海岸の険をしのばせるところから**親不知**と名付けられている。

汀線《ていせん》は池の水の増減で石が見えたり見えなくなったりするよう配石され、栄螺山の鬱蒼《うっそう》とした樹林の枝が池畔を覆い、ほの暗い景色をつくり出している。

水辺にはユズリハの古木と内橋亭の傍らにボダイジュがあり、コイやフナ、ウグイなどが集まっていて目を楽しませてくれる。また、ここからは蓬莱島《ほうらいじま》や唐崎松《からさきのまつ》の樹姿が水面に映える。特にリンゴ吊《づ》りの風景は格別で、印象深い。

曲《きょく》水《すい》周辺

兼六坂
上坂
上坂口
茶亭ことぶき
末森松
②眺望台
③月見灯籠
⑧播州松
巣ごもり松
ハギ
①曲水
姫小松
④
⑦
旭桜
⑩雪見灯籠
⑨七福神山
カキツバタ
③月見橋
曲水
⑥
雁行橋
⑥
⑩雪見橋
⑬手向松
⑬明治紀念之標
⑬石川県戦死士尽忠碑
日本武尊像
⑬
徽軫灯籠
唐崎松
⑪兼六園熊谷桜
⑤乙葉松
千歳松
手向松
⑬
⑤地蔵堂
⑪千歳橋
⑫兼六園菊桜
⑤竹沢御殿跡
蓬莱島
千歳台
⑰花見橋
霞ヶ池
⑪曲水
⑤塩釜桜
十月桜
⑭根上松
カキツバタ
⑯成巽閣赤門付近苔地
ヤマトフデゴケ
⑮板橋
冬桜
梅林
随身坂
随身坂口

1 曲水《きょくすい》・辰巳用水《たつみようすい》

枯れることなく、水泉の美保つ

虹橋《にじばし》の下流で、**曲水**が霞ケ池《かすみがいけ》に流入している。

霞ケ池に流れ込む曲水

園内を縦横無尽に流れる複雑な水流と、池泉《ちせん》を潤す水源は辰巳用水である。

海抜約53メートルの高台にあって、豊富な水が流れていることを、初めて来園する人たちは不思議に思われることであろう。1632(寛永9)年に3代藩主前田利常《としつね》が前年の宝船寺《ほうせんじ》大火を機に、金沢城の防火用水を確保することを建前として、実は城の内堀や外堀に水を満たし、防衛力を高めることを目的に**辰巳用水**がつくられた。後に兼六園の曲水として利用された。

用水の取り入れ口は、金沢の南を流れる犀川の上流で、本園から約10キロ離れた上辰巳町にある。この用水の設計監督を担当したのは、板屋兵四郎《ひょう(へい)しろう》で、地形的にも難題の多い大工事を短期間で完成させたといわれている。

この用水によって、兼六園の曲水や渓流、滝、池泉に水がたたえられている。そして、今も枯れ

眺望台

ることなく兼六園に水を運んで、水泉の美を保ち、木々に生命《いのち》を吹き込んでいる。

虹橋のたもと、曲水が霞ヶ池に流入する直前の右岸に、石囲いの桝(水の取り入れ口)がある。ここから、園路を横切って崖に向かって2本の石管が通っている。これが金沢城へ水を送った遺構である。

2 眺望台《ちょうぼうだい》

視界開けた見晴らしの良い高台

霞ヶ池《かすみがいけ》を右に眺めながら、歩を進めると、**眺望台**にたどり着く。視界の開けた見晴らしの良い高台である。

稜線が重なる山々のはるか彼方《かなた》に、白山山系の一部、戸室山、医王山《いおうぜん》の山々を望み、正面に卯辰

月見橋

山、手前に黒屋根の家屋が広がる市街地が続いており、雄大な景観をほしいままにすることができる。ここはすぐそばで、豊富で清らかな水泉を楽しみながら、優れた景観の1つ「眺望の美」を味わうことのできる場所である。

3 月見橋《つきみばし》・月見灯籠《つきみとうろう》

曲水やマツと一景をなす

上流に向かって曲水沿いに歩を進めていくと、右手に曲水に架かる**月見橋**がある。遠く連なる山から出てきた月をこの辺りから眺めるのが、最も適しているとしてその名がある。土橋で一名、玩《がん》月橋《げつばし》ともいう。橋桁《げた》の上に丸太を横に敷き並べ、板敷の上に砂利混じりの土を蒲鉾《かまぼこ》型に練り固めてある。左右は丸太で手すりは付けていない。月見

月見灯籠

橋は田舎風の素朴な柔らかみのある橋で、ゆるゆると流れる曲水とよく調和している。曲水の上流に架かる雪見橋、花見橋とともに3橋に数えられている。

橋のたもとのアカマツの根元近くに**月見灯籠**がある。石材は御影石《みかげいし》で、笠は直径1・9メートル余、火袋は円形で、四方にまるい火照口《ほてりぐち》をもっている。竿《さお》の高さは95センチで円形・中台もまるい。ほの暗いマツの木陰で白く月の姿に似せた灯籠を観賞するのも楽しい。ここは橋と灯籠、曲水、マツが一景をなしているところである。

4 姫《ひめ》小《こ》松《まつ》

五《ご》葉《よう》松《まつ》の一種、現在は2代目

眺望台の園路をさらに進むと、曲水沿いに五葉

姫小松

松の一種である**姫小松**がある。姫小松は葉が五針葉で短く、密生していることから、五葉松と区別される。推定樹齢500年の初代姫小松は、兼六園の中でも最も長寿の樹であると言われていたが、1995（平成7）年に天寿を全うした。

初代の切り株の横には、枝ぶりや格好が初代によく似ている2代目が代わりに植えられている。ちなみに、姫小松は金沢地方に野生はなく（白山山系の高山にはこれに似た五葉松がある）、おそらく上方《かみがた》から移植され、金沢の武家屋敷の庭に好んで植えられたものであろう。

竹沢御殿跡

5 竹沢《たけざわ》御殿《ごてん》跡《あと》・地蔵堂《じぞうどう》・乙葉松《おとはまつ》・塩釜桜《しおがまざくら》

六勝の1つの「宏大《こうだい》」感じる

霞ケ池《かすみがいけ》の南東岸一帯に広がる台地に、約1万3000平方メートル(約4000坪)に及ぶ壮大な殿閣、竹沢御殿が1822(文政5)年、12代藩主前田斉広《なりなが》により造営された。その寝所で斉広が死去し、枕元跡を踏まないようにと地蔵堂が建てられた。この辺り一帯が**竹沢御殿跡**である。

クロマツの樹林地の中に、この**地蔵堂**が建っている。2基の石地蔵尊が安置され、安産、出世、眼病治癒《ちゆ》に利益《りやく》のある地蔵として信仰されている。8月24日には、主に茶店の人たちが中心となり、地蔵堂祭りが行われる。明治の頃は地蔵堂の横に小屋が作られ、加賀万歳《まんざい》などの余興も催され、な

乙葉松

かなかにぎわったという話である。

その隣に**乙葉松**がある。13代藩主前田斉泰《なりやす》の侍女、乙葉が育てていた盆栽を献上したマツであるところからその名がある。形が舟の錨《いかり》に似ているところから、「いかり松」とも言われている。幹の根元で多く分岐して箒《ほうき》状に立つアカマツの品種を多行松《たぎょうしょう》と言って、乙葉松のような大木の多行型

地蔵堂

塩釜桜　春

は大変珍しかったが、マツクイムシ被害による枯死のため、2007(平成19)年、後継木が植栽された。盆栽を大きく育てあげた樹姿となるまで時を要するため、これからの手厚い保護管理が望まれる。

地蔵堂の後方に、**塩釜桜**がある。八重咲きで白色に近い淡いピンク色の花が咲く。もと、高さ約10メートル、周囲7メートル弱、地上から約1メートルのところで4本の大幹に分かれていて、旭《あさひ》桜《ざくら》に次ぐ老樹であったが、1957(昭和32)年に枯死した。竹沢御殿を建てた時の中庭にあったと伝えられている。この後、宮城県塩釜神社より寄せられた5代目が2001(平成13)年に植えられ、生育している。

このあたり一帯、六勝の1つの宏大《こうだい》といわれているところである。

6 雁行橋《がんこうばし》・曲水《きょくすい》

雁が列をなして飛ぶ姿

七福神山《しちふくじんやま》の麓《ふもと》を流れる曲水に架かっている**雁行橋**は、11枚の赤戸室石を並べ、夕空に雁が列をなして飛ぶ姿を模している。石の1枚1枚が亀の甲の形をしているところから亀甲橋《きっこうばし》とも呼ばれ、その橋を渡ると長寿を保つとして縁起が良いとされ

雁行橋と曲水

る。石の表面の磨滅がひどいので、現在は渡れない。

板石を巧みに組み合わせ、2つに枝分かれした意匠は非常に斬新《ざんしん》である。むっくりとした柔らかみと暖かみを感じさせる、赤みを帯びた石材を使ってデザインされている点も効果的である。

雁行橋の下流に架かる木橋付近の**曲水**の護岸には、石組み、洲浜《すはま》などがあって、かなり意識的に意匠的なデザインが施されている。流れは浅く、川幅いっぱいに流れる曲水と護岸石組みの意匠、そこに架かる雁行橋、水中に立つ雪見灯籠《とうろう》などの庭園工作物などが一体となって、曲水の美が演出され、作者の非凡さがうかがえる。

なお、木橋付近から雁行橋、七福神山、雪見橋方向の景観は、洲浜型の曲水が見事に演出され、千歳台《ちとせだい》でも最も美しい場所の1つとなっている。

旭桜　春

7 旭桜《あさひざくら》

2代目が往年の盛りしのばせる

雁行橋《がんこうばし》のほとりの曲水に臨んだところにある**旭桜**は園内第一の老樹であったため、大桜とも言われていた。ソメイヨシノなどの花弁《はなびら》が散って曲水一面に浮かんで流れる頃、旭桜は満開になる。白色で花弁は一重の大きな花で、薄茶色の新芽が相混じって気品のある桜である。

白山地方のヤマザクラの大木で、地上30センチの幹回りは6、7メートルもあった。そこから7幹に分かれ、1874(明治7)年に一般開放された庭園の中で際立って素晴らしい眺めを呈したといわれている。

明治中期、招魂祭の余興で旭桜を毛布で覆い、象をかたどったことがあって、その頃から樹勢が

播州松

急に衰え始めたという。1937（昭和12）年頃までに枯死したが、ワキ芽やひこばえが残って大きく成長し、その2代目が往年の盛りをしのばせている。

8 播州松《ばんしゅうまつ》

県内で最も古い洋画のモデル

旭桜《あさひざくら》付近の眺望台方面近くに**播州松**（アカマツ）がある。1821（文政4）年、竹沢御殿《たけざわごてん》の普《ふ》請《しん》の際、藩士の遠藤高璟《たかのり》（竹沢御殿出仕）が描いた県内で最も古い洋画のモデルとされる。昭和40年代には高さ約19メートル、幹回り約3メートル、枝ぶり約12メートルとなり、立派な木肌の美しいマツであったが、樹勢が衰えて枯死した。

現在あるのは2代目で、1983（昭和58）年、

七福神山

呼称にちなんで兵庫県立播磨中央公園の自生のアカマツが寄贈された。

名前の由来は明確でないが、加賀藩筆頭家老本多政和《まさかず》が9代目相続(文政3年)のお礼として献上し、後に政和は播磨守《はりまのかみ》になったことから、そう呼ばれるようになったと伝えられている。謡曲「高砂《たかさご》」の相生《あいおい》の松になぞらえ、「高砂」の舞台である播州の名が付けられたとも言われている。

9 七福神山《しちふくじんやま》・おしどり石

長寿や裕福、夫婦和合など願う

地蔵堂から卯辰山方向に進むと、曲水の対岸に見える築山が**七福神山**である。別名を福寿山《ふくじゅさん》ともいう。築山には七福神に見立てた7つの自然石が配されている。その名は、左から恵比寿《えびす》(清廉)、大黒天《だいこくてん》（裕福）、寿老人《じゅろうじん》（寿命・長寿）、福禄寿《ふくろくじゅ》（人望）、布袋《ほてい》（度量）、毘沙門天《びしゃもんてん》（武勇威力）、弁財天《べんざいてん》（愛情）で、7つの神の招来を願って、吉祥を招くめでた

おしどり石

づくしの築山である。この辺りは12代藩主前田斉《なり》広《なが》がつくった竹沢御殿《たけざわごてん》の書院庭として造営されている。曲水、築山、石組み、石橋、雪見灯籠《とうろう》など、当時の遺構がそのまま残されている。

　作庭されたのは、御殿のできた文政年間で「兼六園絵巻」によって当時の状況が分かる。卯辰山を遠望する借景《しゃっけい》の庭となっていて、緩やかな曲水の対岸に築山があって、主木のマツと配石、曲水には石組み護岸がある。曲水に架かる雪見橋、雁《がん》行橋《こうばし》、月見橋、水中にある雪見灯籠、**おしどり石**などの配置もほぼ現状と変わらない。のちに、茶店が築山の背後に設置されたり、樹木の枯死や補植によって植栽景観はかなりの変化が見られる。

　曲水にある3組のおしどり石は、つがいのおしどりの形をした石に名付けられたものであるが、これらも長寿や夫婦和合を願ったものである。

雪見灯籠

雪見橋

10 雪見橋《ゆきみばし》・雪見灯籠《ゆきみとうろう》

七福神山《しちふくじんやま》の近くで際立つ

七福神山の正面の曲水に架かる反り橋で、青戸室石の巨石2枚を合わせ敷いた石橋が**雪見橋**である。長さ約4・7メートル、幅2・24メートル、厚さ29センチで緩やかな曲線を描いた1枚石を2つ並べている。今は柵を設け、通行を禁止している。硬質の青戸室石の反り橋と白っぽい御影石《みかげいし》の台石を組み合わせ、すっきりしたデザインの雪見橋、その下流に架かる11枚の板石を並べた赤戸室石の雁行橋《がんこうばし》、下流に欄干のある木橋、土橋の月見橋など、曲水に架かる橋は種々の材料を使って工夫がされている。曲水に架かる角度もそれぞれ違う。このように異なった素材と意匠を組み合わせ、庭に変化を持たせて庭景をまとめている点も見ど

千歳橋

ころである。

雪見橋の下流、曲水の中に立つ**雪見灯籠**は、清楚な感じのする灯籠で曲水の添景《てんけい》となっている。石質は御影石で、脚は3本、笠は六角形で大きい。火袋《ひぶくろ》も高さが43センチ、間口20センチの大型のものである。

11 千歳《ちとせ》橋《ばし》・曲水《きょくすい》・兼六園《けんろくえん》熊谷桜《くまがいざくら》

桜やツツジ、カキツバタが群生

千歳台のほぼ中央を曲水が横断している。ここに**千歳橋**が架かる。越前石の石橋で、踏面《ふみづら》は亀甲型模様となっているが、以前は幾何学模様で、くずれ四半《しはん》、袈裟《けさ》模様とも言われた。千歳台の名称はこの橋名から付けられたものとされる。

千歳橋付近から上流の花見橋までの**曲水**の両岸

兼六園熊谷桜　春

には、ソメイヨシノをはじめとするサクラやツツジが植えられ、曲水にカキツバタが群生し、次々と花が咲き、見事な影を映す。

この曲水は、四季を通じていかに水が少ないときでも、川面《かわも》いっぱいに同じ速さで流れるようにつくられている。川面は千歳台の下流から玉砂利に変わり、カキツバタは姿を消し、ソメイヨシノのトンネルをくぐったところで、大きく曲がって北流する。七福神山《しちふくじんやま》の手前で川幅を狭くし、竹で編んだ堰《せき》があって、ごみや落ち葉を制して水流を整えている。堰の下流は再び、川幅を大きく広げ、水は川幅いっぱいに流れる。

橋の左手たもとに**兼六園熊谷桜**がある。水戸藩から贈られたと伝えられる単弁の緋桜《ひざくら》で最も濃艶なヤマザクラの逸品である。開花の時期はソメイヨシノよりも1週間程度遅く、牡丹《ぼたん》色で珍しい。

兼六園菊桜　春

12 兼《けん》六《ろく》園《えん》菊《きく》桜《ざくら》

1つの花柄から花弁《はなびら》が300枚超

千歳橋《ちとせばし》の上流の右岸曲水沿いに**兼六園菊桜**がある。1つの花柄から花弁が300枚を超え、菊の花のようなところからこの名が付けられた。開花期は4月下旬から5月中旬までの約3週間と長い。つぼみは初め、濃紅色であるが、葉化した雌しべを花の中央に突き出している。開花とともに次第に淡紅色に変わり、散るときには白に近いピンクとなり、花柄とともに散る。全国にある桜の中でも最も珍しい品種である。

この菊桜は1928(昭和3)年11月に国の天然記念物に指定され、1970(昭和45)年12月に指定解除された兼六園菊桜の2代目である。

明治紀念之標

13 明治紀念之標《めいじきねんのひょう》・日本武尊像《やまとたけるのみことぞう》・石川県戦死士尽忠碑《いしかわけんせんししじんちゅうひ》・手向松《たむけまつ》（御花松《おはなまつ》）

戦死した郷土軍人の霊を祀《まつ》る

兼六園菊桜を右に歩を進めると、左にそびえ立っているのが**明治紀念之標**である。中央に**日本武尊像**が立ち、左側に**石川県戦死士尽忠碑**がある。これらは１８７７（明治10）年の西南の役で戦死した郷土軍人の霊を祀り、記念するために、１８８０（明治13）年に建てられた。高さ約１メートルの石垣を築き、その上に石柵をめぐらし、大小の石碑14基が立っている。台石の外側に積み上げられている景石は、藩政期に造成された金沢城玉泉院丸庭園に使われていた庭石で、能登福浦の海岸から引き寄せたものであるといわれている。

日本武尊像は古代の英雄で伝説の皇子である。

日本武尊像

身長は約5・5メートル、重さは約5・5トンで、屋外の人物像では日本最古の銅像といわれている。台石の高さは約6・5メートルで、セメントなどを使わず石の重さだけで組み合わされている。金沢城の庭師で名工の太田小兵衛《こへい》がこの石積み工事を担当した。

明治紀念之標と書いてある大きな石を中心に、大蛇《だいじゃ》、ナメクジ、ガマ（いずれも大変仲の悪い動物といわれている）の形をした3つの自然石が互いににらみ合うような「三すくみ」の状態に組んである。1991（平成3）年に解体修理が行われた。

銅像の着物が左前になっているが、これは古代の女性の服装で、日本武尊が悪者を倒すために女性の姿をして近づいた、という物語に基づいたものである。

ところで、この銅像や碑は兼六園として本来の姿でないので移設が望ましいという意見も多いが、現在では、園内の1つの景観としてすっかり人々に親しまれている。

前の左右のアカマツは京都の東西両本願寺の門跡からその当時、手向《たむ》けられたので**手向松**と呼ばれている。御花松ともいう。

根上松

14 根上松《ねあがりのまつ》

40数本の根が地上2メートルに達する

明治《めいじ》紀念《きねん》之《の》標《ひょう》前の芝生広場を通って進んでいくと、右前方に**根上松**が見える。高さ15メートル余のクロマツで、大小40数本の根が地上2メートルにも達し、見上げるようにそびえ、園の名物の1つに数えられている。13代藩主前田斉泰《なりやす》が土を盛り上げて若松を植え、根を深く土で覆い、成長後に土を除いて根を現したものと伝えられている。

土が除かれ、根が露出しても枯死しないで、たくましく成長したこの松の生命力、生気にあやかり、また根上がりは値上がりに通じて縁起がよく、商売繁盛を願って、その根に触れる人が多かったという。根の付近の土が踏み固められ、松に悪影響を与えるため、現在では立ち入りを禁止している。

板橋　初夏

15 板橋《いたばし》

2枚の舟底板が互い違いに

根上松《ねあがりのまつ》を左手にして曲水沿いを進んでいくと**板橋**が架かっている。2枚の舟底板を用いて互い違いになっているので違《ちが》い橋とも呼ばれ、三河の名所八ツ橋を模してつくられたといわれている。

この辺りは、水が大きく曲流するところで、季節になると華麗な花の舞を見せる。曲水の両岸には桜が多く植えられていて、4月の開花時には曲水の中の若緑とともに美しい景観を楽しめる。桜が咲き終わると、ツツジ、カキツバタ、サツキが花を付け、のどかな田園の景となる。

成巽閣赤門付近苔地　夏

16 成《せい》巽《そん》閣《かく》赤《あか》門《もん》付《ふ》近《きん》苔《こけ》地《ち》

緑色の美しいヤマトフデゴケ

成巽閣の赤門の向かいの松の木立の下に、ビロードのような緑色の美しい**苔地**がある。「ヤマトフデゴケ」別名ビロード苔とも言われ、ビロードのような肌触りをしていることから、この名が付いた。

兼六園は苔の種類が多く、千歳台《ちとせだい》の一角の芝生地以外はすべて苔庭である。１９９６(平成8)年に研究者が調べた結果、66種類が園内に生育していることが分かった。兼六園の苔は、ほとんどがウマスギゴケであるが、この一角だけがヤマトフデゴケの見事な群落である。雨上がりのときには、朝日を浴びてキラキラと光り、緑のじゅうたんのような美しさを見せてくれる。

花見橋　春

17 花見橋《はなみばし》

橋からの素晴らしい花の眺め

根上松《ねあがりのまつ》を右手に見て、曲水に架かる**花見橋**を渡る。擬宝珠《ぎぼうし》の欄干のある木橋で、橋からの花の眺めが素晴らしいことから、この名が付いている。曲水に咲くカキツバタの眺めもこの橋より下流から始まり、5月の開花期の光景は、光琳《こうりん》の屏風《びょうぶ》絵を見る趣である。橋上からの眺めは、春は花、夏は緑陰、秋は紅葉、冬は雪景色と、四季折々の風情があって、水面に映え、心和むひとときを味わうことができる。

山《やま》崎《ざき》山《やま》周辺

石川県戦死士尽忠碑
手向松
明治紀念之標
日本武尊像
手向松
⑤ 木橋
④ 曲水
④ 寄石灯籠
④ 蓮華寺型灯籠
② 五葉松
① 鶺鴒島
③ 山崎山下の苔地
③ 龍石
③ 龍石の椿
花見橋
⑤ 芭蕉の句碑
⑥ 氷室跡
⑤ 山崎山
⑤ 山崎山御亭
⑤ 曲水
御室の塔
⑤
沈砂池
石川県立伝統産業工芸館
根上松
カキツバタ
成巽閣赤門付近苔地
ヤマトフデゴケ
成巽閣

鶺鴒島

1 鶺鴒島《せきれいじま》

人間の一生の3大儀式を表現

花見橋を渡って曲水に沿って行くと、曲水の流れの中に大小の中島が見えてくる。下流の大きな島が**鶺鴒島**で、昔イザナギ・イザナミの尊が男女和合の方法を鶺鴒から教わったという故事から発想を得て、その名が付けられたという。

この島は夫婦島《めおとじま》とも呼ばれていて、正面に「三社」と刻まれた石額が掛かる鳥居を据える。三社は伊勢神宮、八幡宮、春日神社を表すという説と、白山三社を表すという説がある。曲水を境に、此《し》岸《がん》と彼岸に見立てて島を浮かべ、島の鳥居が結界でその奥が聖域と見られる。ここは神が天空から石や樹に降臨する神聖化された「神の島」として造形され、子孫繁栄の願いが込められている。

鳥居は扉を意味し、神仏の存在を予感させ、傍らの手水鉢《ちょうずばち》は清めのために置かれている。これによって次元の異なる聖域を表現し、非常に優れた手法が見られる。島には人間の一生の3大儀式を表すものが置かれている。島の中央には、真ん中の歌碑を挟んで右が女性、左が男性の陰陽石が並び、誕生を表す。石の後ろには右が雌、左が雄の相生《あいおい》の松が植えられ、結婚を意味している。島の右端に立つ五重の塔は墓で、死を表している。

曲水に浮かぶこの島への元の橋と鳥居の中心部から少しずれて、相生の松、陰陽石、その左後ろの見越しの石は不等辺三角形の位置にある。鳥居の右後ろの手水鉢と五重の塔、五重の塔の左後ろの椿の木も不等辺三角形を成す。

樹木、庭園工作物、自然石など非対称の組み合わせを全体として均斉のとれた日本庭園となるように優れた手法を駆使している。こうした様々なものの組み合わせと配置の妙は他の庭園に見られない素晴らしい独自の手法と思われる。

陰陽石の背後の石碑には、「君徳を表す枝に千代こめて、契《ちぎ》る連理や相生の松」、「陰陽の神のちかいや世々迄《よよまで》も姿を変えずたてるこの石」という和合長寿を表した歌が刻まれている。

なお、鶺鴒島の上流にももう1島、無名の島があるが、その辺りから明治紀念之標《めいじきねんのひょう》方向へ曲水が分流している。この流れが遣水《やりみず》となって七福神《しちふくじん》山《やま》付近で曲水の本流と合流している。

2 五葉松《ごようまつ》

葉の数が名の由来に

鶺鴒島《せきれいじま》の前のすぐ傍らに見事な**五葉松**が植えられている。短枝に束生《そくせい》する葉が5本。葉の数が名

五葉松

の由来となっている。高さは約12メートル、幹回りは約3・3メートル、枝張りは約9メートルもあって、この種では県内最大級である。枝はいくつにも分かれてそそり立ち、幹も枝も激しくよじれていて、珍しい姿である。

なぜこうした格好になったかについては、「鶺鴒島の陰陽石を見てヤキモチを焼いたのだ」とか「仲睦まじい夫婦がお参りしている姿を長年見せつけられて、樹もよじれてこうなった」という説がある。俗っぽい解釈であるが、半面、庶民の心を反映した面白い物語である。

3 山崎山下《やまざきやました》の苔地《こけち》・龍石《りゅうせき》・龍石《りゅうせき》の椿《つばき》

デッケン居住の異人館があった

鶺鴒島《せきれいじま》を左手に、右側一帯は苔庭となっている。

山崎山下の苔地は明治の初め、ドイツ人デッケンが住んでいた異人館があったところである。その後、勧業博物館となり、明治末期にその建物も撤去された。跡地を苔庭にし、前方の山崎山の景色がよく見えるよう造園されている。

山崎山下の苔地

手前の自然石を円形に並べたところは、異人館の車まわしの跡である。ここに龍の形をした滝坂石の自然石があって、**龍石**といわれている。園内の虎石《とらいし》、獅子巌《ししいわ》とともに3要石の1つである。

ここには**龍石の椿**というヤブツバキの一品もある。紅色の花弁《はなびら》に不規則な大小の白いまだらを付けた椿で、花をたわわに付けて大変珍しい。

龍石　冬

寄石灯籠

蓮華寺型灯籠

4 曲水《きょくすい》・蹲踞石《そんこいし》・蓮華寺型灯籠《れんげじがたとうろう》・寄石灯籠《よせいしとうろう》

鶺鴒島《せきれいじま》周辺に見られる名所

鶺鴒島を左に曲水沿いに園路をたどると、**曲水**は緩やかに曲がりくねった姿となる。護岸には自然石の平石が要所に配石されている。この石は**蹲踞石**と言い伝えられていて、この石の上にかがんで曲水を眺めるために配されたという。

鶺鴒島の上流、左岸にある**蓮華寺型灯籠**は曲水の添景《てんけい》となっている。笠の背がとても高いのが特徴で、段状の屋根は瓦葺《かわらぶ》きのようであり、定紋《じょうもん》が彫られている。笠裏はタルキをかたどった建築技法となっている。笠と中台は滝ヶ原石、火袋《ひぶくろ》は越前石で、定紋が一面に3個ずつ刻んである。

さらに曲水の上流の山崎山山麓付近に**寄石灯籠**

山崎山　秋

がある。笠は六角で、裏に梅鉢型の彫刻が施されている。火袋は戸室石で背が高く七角形。火口《ひぐち》は三方に長方形のもの1つと円形のもの2つがある。中台は坪野石の八角形。1935（昭和10）年頃までは、この辺り一面にススキが繁茂していて、穂が夜風に揺れる光景が見られ、火が入れられた灯籠は「おばけ灯籠」とも呼ばれていた。

傍らに、サンシュユの木があり、早春に先駆けて黄金の花を一面に付ける。秋から正月にかけて赤い実が結実し、寄石灯籠とよく調和している。

5 山崎山《やまざきやま》・曲水《きょくすい》・木橋《きばし》・芭蕉《ばしょう》の句碑《くひ》・御亭《おちん》・御室《おむろ》の塔《とう》・ケヤキ巨木林《きょぼくりん》

山崎山周辺に見られる名所

兼六園南端の小立野口付近に築山があり、ここ

曲水

を**山崎山**という。この山の名称は、往昔この辺り一帯を山崎の荘と呼んでいたところからとったものである。

山崎山の麓《ふもと》や上部などに三尊石組み手法を見ることができる。園内で石組みとして見るべきところは、山崎山と翠滝《みどりたき》、栄螺山《さざえやま》下の法面《のりめん》と池畔《ちはん》に面した親不知《おやしらず》などである。

山崎山の石組みは立石が多いが、相当荒廃しているのは惜しいことである。

ここはケヤキ、カエデ、トチノキなどの落葉広葉樹が多く、マツ、モミなどの常緑針葉樹の多い園内に比べて最も自然林に近い奥山の庭景となっている。特に、秋には真っ赤なカエデの風景が美しいので、紅葉山《もみじ》とも言われている。

山麓の岩間からは勢いよく清水が流れ出て、渓流が川幅4〜6メートルの本格的な**曲水**となる。やがてそれが西に向かって大きな曲流となり、その途中に島が2つ浮かび、霞《かすみ》ケ《が》池《いけ》まで延長約570メートルをうねりながら流れている。

渓流に架かる土橋風の風雅な**木橋**付近からの眺めは、山崎山の裾を流れる渓流に大小の水分《みずわけ》石や石組み護岸が施され、川幅いっぱいに水面が広がり、優れた手法を見せている。このあたり一帯は幽邃《ゆうすい》の境を呈し、兼六園の中でも優れた場所の1つとなっている。橋を渡ると山裾から山崎山に上る散策路が通じている。

右手には、自然石に刻まれた**芭蕉の句碑**がある。松尾芭蕉が1689（元禄2）年、「奥の細道」の途中、金沢で作った俳句「あかあかと　日は難面《つれなく》も　秋の風」が彫られている。書は俳人桜井梅室《ばいしつ》の筆による。

上から芭蕉の句碑、木橋、御亭

御室の塔

近くにはイチョウの巨木があり、緑陰と黄葉が素晴らしい。山頂近くと山腹には、犀川上流からとれる滝坂石の石組みがあって、深山の趣である。

山崎山は高さ約9メートル、周囲約160メートルの築山で、頂上には茅葺《かやぶ》きの**御亭**がある。園内を散策する際、一息つける格好の場所である。中腹の右手に五重の塔があり、京都の御室御所《おむろごしょ》(仁和寺《にんなじ》)の塔を模して作られているので、**御室の塔**と呼ばれている。塔は白川御影石製で4脚、基壇にのみ青戸室石が用いられている。高さは4・5メートルを超え、栄螺山の三重石塔に次ぐ大きさである。新緑と紅葉の頃には、ひときわ美しく見える。

山崎山には**ケヤキの巨木林**がある。幹回り約5・9メートル、樹高約27メートルの大樹は1991(平成3)年の台風で惜しくも倒れたが、現在も幹回り3・3〜4・4メートル、樹高25〜26メートルのケヤキが6本ある。

山崎山がいつごろ築造されたのか諸説があり、はっきりしないが、1610(慶長15)年につくられた外惣構《そとそうがまえ》の跡にできたと思われる。惣構の内側に築かれた土塁が山崎山で、古文書に書かれた惣構の位置からも、その地形がほぼ一致する。山崎山の小立野側の麓に等間隔で植えられているケヤキの巨木がその頃、植えられたものと考えられる。その後、この土塁は竹沢御殿《たけざわごてん》建築の時、邸内に取り入れられ、さらに竹沢庭の拡張の時に築山として利用されたと推察される。

氷室跡

6 氷室跡《ひむろあと》

山崎山の裏裾にあり現在は池に

山崎山の裏裾にある凹地が**氷室跡**である。氷室とは毎年冬期に降り積もった雪を日陰の凹地に集め、わらなどで覆って夏期まで蓄えておく場所で、旧暦6月1日を氷室の朔日《ついたち》と言って氷室開きを行った。この地は明治に入って氷室として使われたといわれているが、藩政時代には金沢城内にもあった。

現在、毎年7月1日に氷室開きというお祝いをし、氷室万頭《まんじゅう》を食べる習慣がこの地方に残っている。なお、この氷室跡は現在、池となっているが、古くは元の外惣構の堀の遺構とみられる。

千《ち》歳《とせ》台《だい》エリアⅡ
広がる庭園の魅力

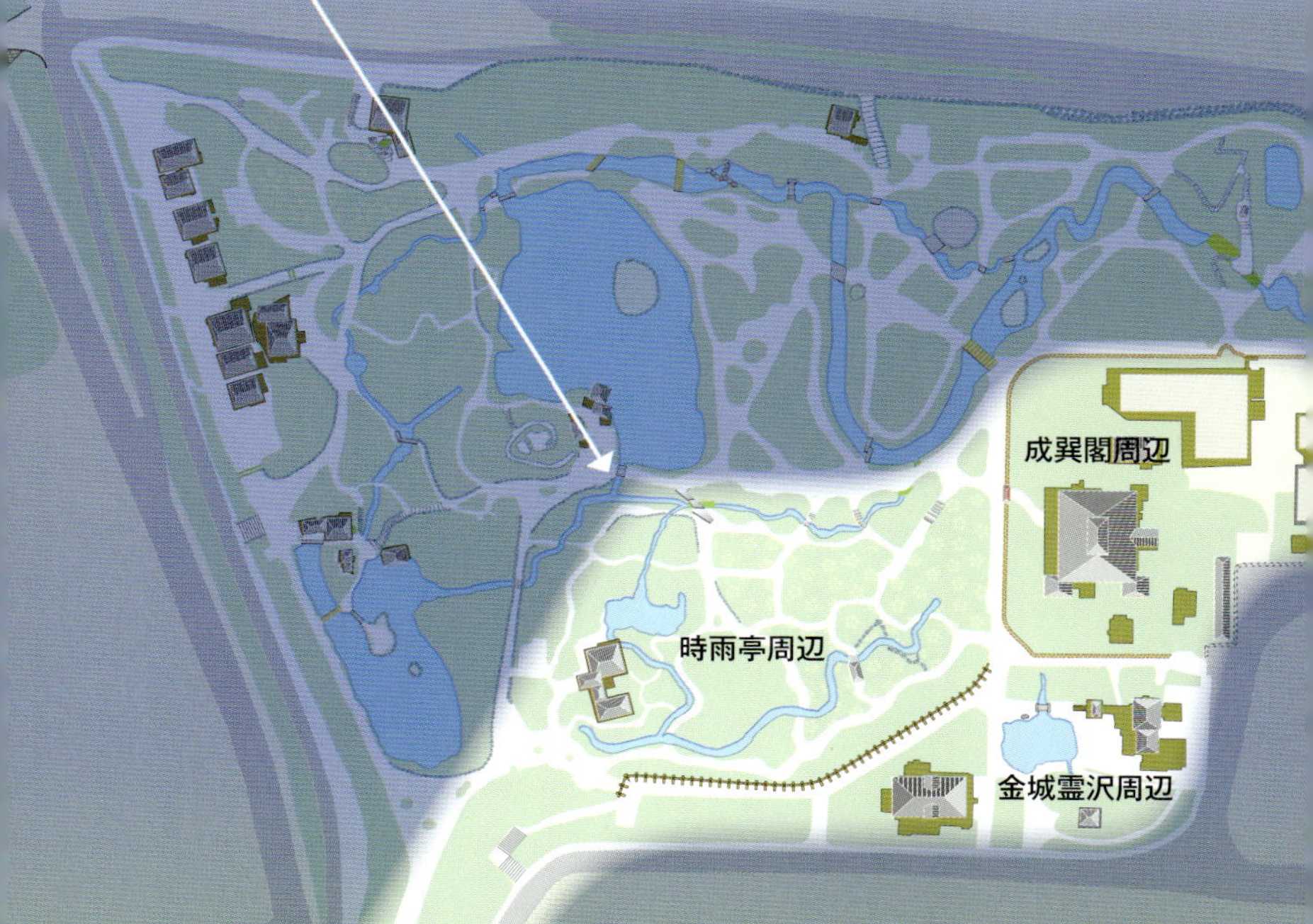

千歳台の南から西方向にある区域は藩政期、兼六園として庭園化されたことはなく、元の長谷池《はせいけ》周辺広場、児童苑、梅林の区域を庭園としての姿に2000(平成12)年3月に再整備した。年輪を重ねた樹々の中に数寄屋《すきや》風《ふう》柿葺《こけらぶ》きの「時雨亭《しぐれてい》」と、これまでの梅林を生かし、長谷池と曲水からの流れを引いた格調高い庭園が完成した。隣接する成巽閣《せいそんかく》、金沢神社、金城霊《きんじょうれい》沢《たく》などを合わせて紹介する。

時《し》雨《ぐれ》亭《てい》周辺

霞ヶ池
千歳台
花見橋
根上松
梅林
① 梅林
随身坂
随身坂口
② 長谷池
① 時雨亭の庭
① 時雨亭
① 舟之御亭
① 流れ（遣水）
松の傷
瓢池
キササゲ
② 長谷坂
② 真弓坂
津田玄蕃邸の遺構
（金沢城・兼六園管理事務所分室）
マンサク
広坂
真弓坂口

時雨亭

1 時雨亭《しぐれてい》・時雨亭《しぐれてい》の庭《にわ》・流《なが》れ（遣水《やりみず》）・梅林《ばいりん》・舟之御亭《ふなのおちん》

古くは藩の武家屋敷など建つ

霞ヶ池《かすみがいけ》の西南池畔《ちはん》から一段低い園地を望むと長谷池《はせいけ》周辺の樹々の中に数寄屋風《すきやふう》柿葺《こけらぶ》きの「**時雨亭**」が立っている。時雨亭とその庭、梅林の約1・5ヘクタールの区域は2000（平成12）年に整備された。この区域は、古くは加賀藩の武家屋敷、藩の武学校である経武館《けいぶかん》、竹沢御殿《たけざわごてん》の一画、馬場、調練場などとして使われた。明治期を迎え、2代金沢市長の長谷川準也《はせがわじゅんや》の邸宅が建てられた後、商品陳列所、図書館、広場、梅林、児童苑などの敷地となった。特に変遷の多い区域で、藩政期から庭園としての形を成していなかった。お休み処としての歴史的建物の復元、流れを生

時雨亭の庭

かした書院庭園と、もとあった梅林を再整備して、兼六園の「環境」と、それに溶け込んだ「建物」、「庭」の三拍子が備わった美の空間が完成した。

時雨亭は、５代藩主前田綱紀《つなのり》が建てた蓮池御亭《れんちおちん》の跡に、６代藩主前田吉徳《よしのり》が１７２６（享保11）年頃に建てた別荘で、茶の湯や観月・観楓の宴が開かれていた。今の噴水前にあった時雨亭は明治の初めに取り壊されたが、残された間取り図や姿図を基にして、庭側の10畳と８畳の座敷、縁、御《お》囲《かこい》と呼ばれる１畳台目の小間の茶室が、ほぼ完全に復元されている。その他の座敷などを含めて建坪２７０・４平方メートル（81・８坪）の規模を誇る木造平屋建ての数寄屋風書院で、外観内装ともに江戸時代の建築様式を知る上で興味深い。

迎賓館的な利用とともに、一般来園者の休息、茶会などの催事にも使える施設である。なお、座敷では抹茶《まっちゃ》、煎茶《せんちゃ》の呈茶（有料和菓子付き）があり、

梅林　早春

庭園を眺めながらホッと一息つける。

座敷から眺める**時雨亭の庭**には、左側に豊かな水をたたえた長谷池前面に、遣水を引いた広々とした明るい苔庭がある。流れを隔ててその奥に芝生広場と梅林が続く。兼六園の風景に溶け込んだ奥行きのある座視観賞式庭園である。

庭に面して長さ10メートルを超える廊下（縁側）と土縁がある。長谷池から引いた遣水がこの軒下をくぐり、曲流となって一面の苔地を通り、日射しを浴びて緩やかに流れる。奥にある芝生広場は野点《のだて》等に利用できる明るさと広がりをもつ空間となっている。

ここにつくられた庭園の特色は**流れ（遣水）**をポイントにした景観である。梅林の東南角に噴泉式の湧水を設けている。成巽閣《せいそんかく》近くの曲水を水源とする辰巳用水で、ここから流れを蛇行させて時雨亭に至る水路の景と長谷池から時雨亭の庭を流れ

舟之御亭

る水路に合流する2筋の流れの景をつくりだしている。

この流れ沿いを中心に飛石や橋などの散策路があり、低い丘を重ねた野筋《のすじ》様の起伏園地に、灯籠、景石などの景物を配している。これまでの梅林を活用してさまざまな色どりの花木、草花類が植えられ、四季折々の風情が楽しめる。

梅林は1968（昭和43）年に、「明治百年記念事業」として北野天満宮や太宰府《だざいふ》、湯島天神、水戸偕楽園《かいらくえん》などの協力により、全国の名梅を集めて造成された。現在は約200本の梅が植えられ、そのうち白梅が約130本、紅梅が約70本である。八重寒紅《やえかんこう》、麻耶紅梅《まやこうばい》、白加賀《しろかが》、青軸、しだれ梅など約20種類があり、初春が花の見ごろで、香り豊かな花々が美しく咲き誇る。

梅林の西寄りの流れ沿いに、散策の途中に一息つける**舟之御亭**が再現されている。舟之御亭は藩

長谷坂

長谷池

政期、桜《さくら》ヶ《が》岡《おか》の茶店のやや北寄りの地にあった。そこからは、日本海、河北潟、能登半島、卯辰山、白山連峰の山並みを眺め楽しんだ。藩主や招かれた家老などは園内の散策を楽しみながら御亭に立ち寄り一服した。この亭の廃止時期は明らかではないが、竹沢御殿のできた1822(文政5)年頃には既に失われている。絵図等をもとに、今日全く例を見ない舟形の四阿《あずまや》の再現となった。これで蓮池庭時代にあった夕顔亭、内橋亭、時雨亭、舟之御亭の4亭がすべて整った。

2 長谷《はせ》池《いけ》・長谷《はせ》坂《ざか》・真《ま》弓《ゆみ》坂《ざか》

明治期に長谷《はせ》川《がわ》準《じゅん》也《や》の邸宅建つ

時雨亭の庭の左手にある**長谷池**付近は、明治期に当時の金沢市長であった長谷川準也の邸宅があ

真弓坂

ったところである。庭園の一部の長谷池などが残っていて、時雨亭《しぐれてい》再建時その遺構をとり込み庭として整備された。

時雨亭前の広い坂道は**長谷坂**と称されている。長谷坂を下っていくと瓢池《ひさごいけ》の池辺を通り、真弓坂に至る。このあたり一帯は蓮池庭《れんちてい》の一部で、幕末までここに物見所があった。藩主をはじめ夫人、子女達が祭礼や盆正月などの行事に、坂下の各町から趣向をこらして繰り出す豪華な各種パレードを見物した処であった。**真弓坂**は1874（明治7）年、公園として一般公開されたときに開かれた坂道で、坂の途中に料金所が設けられていて、ここから中央公園や金沢市役所のある広坂通りに通じている。

梅の枝にとまるメジロ

ロウバイをついばむヒヨドリ

愛らしい野鳥たち

兼六園は市街地の中でも野鳥の好む高木、水辺、茂みなどの自然条件が園内全域でそろっており、渡りの中継地となっている。野鳥観察の名所としても人気である。

木にとまってたたずむカワセミ

羽を休めるジョウビタキ

成《せい》巽《そん》閣《かく》周辺

山崎山下の苔地
鶺鴒島
花見橋
龍石
龍石の椿
小立野口
石川県立伝統産業工芸館
根上松
カキツバタ
板橋
成巽閣赤門付近苔地
ヤマトフデゴケ
冬桜
① 成巽閣
梅林
② 随身坂
舟之御亭
随身坂口
金沢神社
いぼとり石
ミズバショウ
放生池
コウホネ
金城霊沢
鳳凰山
津田玄蕃邸の遺構
（金沢城・兼六園管理事務所分室）

成巽閣

1 成巽閣《せいそんかく》・飛鶴庭《ひかくてい》・つくしの縁庭園《えんていえん》・万年青《おもと》の縁庭園《えんていえん》

斉泰《なりやす》の母・真龍院《しんりゅういん》の隠居所

花見橋を渡って前方にあるのが**成巽閣**で、すぐ近くに柿葺《こけらぶ》きの屋根を持つ赤門がある。ここは兼六園側から成巽閣へ入れる裏門にあたる。

成巽閣は13代藩主前田斉泰の母・真龍院の隠居所として1863（文久3）年に、竹沢御殿《たけざわごてん》（千歳《ちとせ》台《だい》に建てられた殿閣）の一部を移して造営された。初め巽《たつみ》新殿と称したが、明治になってから成巽閣と改められた。幕末の大名屋敷を代表するもので、国の重要文化財に指定されている。繊細優美な女性の住居《すまい》で、そのまま残っているのは全国的にも珍しい。

1階は武家書院造り、2階は数寄屋《すきや》風書院造り

飛鶴庭

となっており、1つの建物に2つの建築様式が組み込まれている。現在は前田家伝来の優れた美術品、調度品などが陳列され、一般に公開されている。

ここに**飛鶴庭**と呼ばれる国指定名勝の庭園がある。茶室（清香軒《せいこうけん》）の軒下まで流れる遣水《やりみず》が配されていて、雪深い冬にも流れを楽しめるように工夫されている。これを近景として樹下に広がる苔《こけ》の緑は心にしみ入る見事さで、苔の美しい加賀を代表する景観の1つとなっている。

それに続き、居間に面して、**つくしの縁庭園**がある。兼六園から引いた遣水が庭の中央をゆったりと流れ、明るく優雅で、女性の住居の庭として似つかわしい。松竹梅の揃《そろ》った吉祥《きっしょう》の庭となっている。

寝室に面しては、**万年青の縁庭園**がある。居間前からの遣水が建物を隔てて渓流となる。流れは大小の築山を縫って渓谷となる。つくしの縁庭園

随身坂

の明るく穏やかな平庭に対し、水音が響く深山幽《しんざんゆう》谷《こく》の景となっている。いずれも建物から眺める書院庭園で、県指定の名勝である。

2 随身坂《ずいしんざか》

成巽閣《せいそんかく》赤門横に通じる

成巽閣赤門横に通じる緩やかな坂道が**随身坂**である。随身とは付き従うお伴のことをいい、13代藩主前田斉泰《なりやす》の母、真龍院《しんりゅういん》が成巽閣に入るときに、お伴をした女中が通ったところから随身坂と呼ばれたと伝えられる。また、金沢神社の随身門にちなんで名付けられたとする説もある。この坂道の左には成巽閣の塀が続き、右にはモミが数本あり、マツやサワラを交じえて見事な巨木がそびえている。

金《きん》城《じょう》霊《れい》沢《たく》周辺

金沢神社

1 金沢《かなざわ》神社《じんじゃ》・放生池《ほうしょういけ》（金城池《きんじょういけ》）・いぼとり石

学問の神様・菅原道真《すがわらのみちざね》を身近に

随身坂を下っていくと左に**金沢神社**がある。この神社は1794（寛政6）年、11代藩主前田治脩《はるなが》が園内に建てた藩の学校、明倫堂《めいりんどう》と経武館《けいぶかん》の鎮守として創建されたものである。その後、竹沢御殿《たけざわごてん》の鎮守社となり、竹沢天神とも竹沢天満宮とも称されていたが、明治になってから金沢神社と改称された。

祭神は藩主の遠祖と伝えられている菅原道真で、学問の神様として知られ、金沢市内はもとより北陸地方をはじめ遠隔地の人々の信仰を集め、年間を通じて参詣者が絶えない。特に目立つのが朱塗りの神門に、所狭しと下がっている願い事を

放生池

記した絵馬で、世人の切実な願いや世相が窺《うかが》える。相殿に白蛇竜神《はくじゃりゅうじん》（災難除《よ》けの神）、金比羅大明神《こんぴらだいみょうじん》（交通安全の神）、12代藩主前田斉広《なりなが》、13代藩主前田斉泰《なりやす》が奉祭されている。境内社として稲荷神社《いなりじんじゃ》（家業繁栄の神）、板屋神社遥拝所《いたやじんじゃようはいじょ》がある。

金沢神社の前には**放生池**がある。成巽閣からの流水が池の東北側に流入している。日本では八幡宮や仏寺の門前にあって、捕獲した魚や亀を放って殺生《せっしょう》を戒める儀式「放生会《ほうじょうえ》」のためにつくられた池である。春には柔らかいさみどりの巻き葉の間に、真っ白な大きな花を咲かせるミズバショウや、黄金色をちりばめたコウホネ、壮大なフトイなどの水生植物が繁茂している。

放生池のほとりの参道沿いに、青黒い楕円《だえん》形の石があって、これを**いぼとり石**という。縦約50センチ、横約80センチ、高さ約25センチで、初め能登鹿島郡町屋村（現七尾市中島町町屋）にあったも

いぼとり石

のを真龍院《しんりゅういん》(前田斉広の夫人)がもと馬見所(梅林付近)のあったところへ移したが、さらに今の地に運んできたもので、この石で疣《いぼ》を摺《こす》ると必ず落ちると信じられている。古来、石には霊妙不可思議な霊力が宿るとされ、神格化され神体となっているものも多い。いぼとり石の信仰もそこから生まれたものである。

2 金城霊沢《きんじょうれいたく》

金沢の地名の起こりか

金城池の南側に、金沢の地名の起こりとなったといわれる**金城霊沢**がある。真夏の炎天にも枯れず、長雨にもあふれることがなく、いつも清水をたたえている泉で、井戸のように丸い石の枠にはめられ、屋根がかかっている。これは1822(文

金城霊沢

政5）年、12代藩主前田斉広《なりなが》がつくったもので、それまでは自然に湧き出る野の沢のままであった。井戸の丸い輪は1つの石をくりぬいて作ったもので、外径1・76メートル、厚さ約15センチ、井戸の深さ約2メートルである。

堂内に金城霊沢の額が架かっている。市河米庵《いちかわべいあん》の筆で、武田友月《たけだゆうげつ》が彫ったものである。水の守り神とされている龍の絵が井戸の上にある。龍の絵はもと狩野探幽《かのうたんゆう》が描いたものがあったが、傷みが甚《はなは》だしくなり取り替えられ、現在の絵は郷土出身の画家、広田百豊《ひろたひゃくほう》が新たに描いたものである。敷石は越前石で、四半《しはん》模様（すじかい模様）である。

金城霊沢には次のような伝説がある。昔、山科（金沢市山科町）の里に藤五郎《とうごろう》という善良な農夫がいた。ある日、夢のお告げで都から嫁が来て、持ってきた小判や宝物を惜しげもなく里の人たちにあげてしまい、相変わらず貧乏な暮らしをしてい

鳳凰山

た。嫁は心配して金の大切さを話した。すると藤五郎は山へ行き、山芋と一緒にたくさんの砂金を洗い大金持ちになったという。この伝説からこの泉がいつの間にか、「金洗《かなあらい》の沢」、「金の沢」と呼ばれるようになり、これが金沢の名称の起こりとなったと伝えられている。いかにも金沢らしい夢とロマンの名所である。

3 鳳凰山《ほうおうざん》

築山に多くの奇石を集める

金城霊沢《きんじょうれいたく》の背後に**鳳凰山**がある。竹沢御殿《たけざわごてん》が竣工したとき、築山に多くの奇石を集めて鳳凰の形につくりあげたところからこの名が付けられたという。鳳凰は麒麟《きりん》、亀、龍とともに4霊獣の1つで、聖人が世に出る時に現れるという想像上の

津田玄蕃邸の遺構

めでたい鳥である。

この鳳凰山の洞窟《どうくつ》に金城霊沢碑がある。碑は高さ約1・8メートル、幅約1・2メートル、厚さ33センチの根生川《ねぶかわ》石と呼ばれる巨大な伊豆石で、1851（嘉永4）年、13代藩主前田斉泰《なりやす》により建立された。金城霊沢碑の隷書の題額は斉泰の真筆、銘文は津田凰郷、銘は渡辺栗、書は市河米庵《いちかわべいあん》で、江戸谷中の石工田中文学がこれを彫りあげた。

4 津田玄蕃邸《つだげんばてい》の遺構《いこう》（金沢城・兼六園管理事務所分室）

高禄武家屋敷の構え残す

金城霊沢の前に金沢城・兼六園管理事務所の分室がある。これはもと金沢市大手町にあった建物を移築したもので、加賀藩1万石の重臣、**津田玄**

藩邸の遺構である。建物の内部は度々の改造で往時をしのぶことはできないが、玄関式台や外構などはそのままで、高禄武家屋敷の威風を伝えている。明治になって「医学館」、「金沢医学所」、「金沢医学校」、「金沢医学専門学校」、「乃木会館」などに利用された。1923（大正12）年、石川県により現在の地に移築され、名称も兼六会館と改まり、県事務の一部を取り扱う建物として利用され、現在は金沢城・兼六園管理事務所の分室として使われている。

御殿破風の屋根や式台など外観は、ほぼ原型のまま残されている。同建物を1985（昭和60）年に修築、現在は裏口を事務所の通用口として使い、赤戸室石敷の式台など文化的価値の高い表玄関からの出入りを自粛して建物の保存に努めている。玄関の欄間の上には木彫りの龍がいて、旧津田邸の守護神のような迫力がある。

加賀藩1万石以上で現存する唯一の家屋で、玄関部分は1991（平成3）年に県の有形文化財に指定されている。

木彫りの龍

名園に彩りを添える花々

協力／金沢城・兼六園研究会員　城森順子さん

冬

ことじ椿▷▷12月～3月

ユキツバキ▷▷1月～3月

八重寒紅▷▷1月～3月中旬

ソシンロウバイ▷▷12月～2月

摩耶紅梅▷▷3月

マンサク▷▷2月～3月

冬～春

カラミザクラ▷▷3月～4月

ツバキカンザクラ▷▷3月～4月

トサミズキ▷▷3月～4月

龍石の椿▷▷12月～4月中旬

ヒュウガミズキ▷▷3月～4月

サンシュユ▷▷3月～4月

ツツジ▷▷4月～5月

ドウダンツツジ▷▷4月

カリン▷▷4月～5月

春

サツキ▷▷5月～6月中旬

サンザシ▷▷5月～6月中旬

ムラサキシキブ▷▷6月

コウホネ▷▷6月～7月

キンシバイ▷▷6月～7月

スイレン▷▷6月～9月

ミヤギノハギ▷▷6月～9月

キササゲ▷▷6月～7月

ホツツジ▷▷7月～8月

夏

シロバナハギ▷▷8月～9月

コバノギボウシ▷▷8月

夏～秋

フジバカマ▷▷8月～10月

サルスベリ▷▷8月～9月

オミナエシ▷▷7月～10月

シュウメイギク▷▷9月下旬～10月

秋

キンモクセイ▷▷10月

ヒイラギ▷▷10月～11月

ナンテン(実)▷▷11月

サンザシ(実)▷▷10月

ムラサキシキブ(実)▷▷10月～12月

秋～冬

十月桜▷▷10月中旬～4月上旬

サザンカ▷▷11月中旬～3月

兼六園のこころとかたち

―永遠なるものとの語らい―

1　加賀百万石の文化遺産のシンボル

―都市の風格形成―

小立野《こだつの》台地の先端部に位置する兼六園は、街のほぼ中心部にあって、金沢城、本多町界隈《かいわい》の崖地林《がけちりん》とともに、市街地の緑の中核となっている。昼なお暗い鬱蒼《うっそう》とした樹林で覆われ、様々な景観が展開されている。

モミ、アカマツ、ケヤキなど、もともと現在地にあった植生に近い樹林で構成される兼六園の森、人工的ながらも自然に戻ろうとする金沢城の森、手が加わっていない自然林が残っている本多の森がある。これらを拠点に街中に入り込んだ河岸段丘、用水、河川などに連なる緑の回廊によって、山地丘陵の生き物たちとつながっている。

これらの森は街中で息づく生命を養い、自然環境を守り、都市の風格を形づくる緑の心臓部の働きをしている。

兼六園の立地を考えた場合、まず市街地中央部にあるということと、山腹も利用して傾斜地を巧みに使っていることが特色である。眺望が良く、台地には広大な平地が広がっている。しかも高台にあって豊富な水が流れて、水利が良好である。さらに兼六園周辺は文化施設と歴史的遺産が大変多い緑の文化ゾーンで、緑の中に過去から現在への連続した歴史を見ることができる。

兼六園はこれらの立地条件を巧みに生かし、自然と同化させつつ新たな景観を生んだ環境対応型の庭園として人々の日常生活の中にも定着し、親しまれている。同時に街の緑と水のランドマークとしての機能を持ち、加賀百万石文化の歴史遺産として、後世へ受け継がれていくことを期待したい。

庭園は屋外の美しい空間で、日常生活の心の糧となり、生活の情感の漂うところである。それは常に美しい空間というだけではなく、その奥に思想や哲学、歴史も潜み、時には人間を勇気づけ、あすへの希望や潤い、喜びを与える。

兼六園の全景

2 大名庭園 ―林泉回遊式の庭―

兼六園は総面積およそ11・4ヘクタール(3万4600坪)の広さで、そのうち特別名勝区域はおよそ10・5ヘクタール(3万1700坪)である。園の中ほどにある「霞ケ池《かすみがいけ》」を中心に散策、観賞を楽しめる林泉回遊式庭園で、江戸時代の代表的な大名庭園である。もともと日本の庭園は世界観の表現であった。生花や盆栽、盆石と同じように、宇宙を凝縮させて再現したものである。

古代の庭は、神に祈りを捧《ささ》げ、神に出会い、共同体の祭りを行う場であった。飛鳥、奈良時代では、曲水は川、池は海、島は海の彼方《かなた》にある不老長寿の神仙島で、美しい海の風景の再現でもあった。

平安、鎌倉時代では大池泉が見られるようになり、文学における名所地の再現であったり、西方にある極楽浄土の世界が大和絵風につくられた。

室町時代では水を使わず、石と砂で海や川を象徴的に表す枯山水《かれさんすい》の庭が禅味を帯びた瞑想《めいそう》の場として山水風につくられた。

桃山時代では豪華豪放なものが好まれる一方で茶庭がつくられ、奥山や山里の自然の風景が写し出された。

江戸時代には古代からのあらゆる手法が集大成され、近世日本庭園の最も完成した形態として、庭が主役を演じる林泉回遊式庭園が作られるようになった。江戸時代に誕生した大名庭園の空間造形はほかの時代に見られない特徴がある。散策し、心を和ませ、茶会や園遊を行うなど「使う」庭としての性格を持つ。

木漏れ日や、生命の誕生を象徴する木々の芽吹き、水の動きなどを受けとめる「視覚」、手触りや肌触り（ぬくもり）などの「触覚」、水の音や鳥の声、木の葉のそよぐ風の音などに耳を澄ます「聴覚」、草花のよい香りを楽しむ「嗅覚《きゅうかく》」、店でおいしい料理や茶を嗜《たしな》む「味覚」の「五感」が刺激を受けながら散策できるのも兼六園の魅力である。

さらにこうした庭園風景に接してさまざまなことに気づくことにより、大事にしたいという気持ちや愛着も強まっていくと思われる。

一般的には「庭園の芸術性は失われ、遊戯的趣味に重きを置いた点だけは否定できない」とする専門家の評価があって、江戸時代の中、後期の庭園を低く見る風潮が強い。

加賀藩の歴代藩主は美術工芸に造詣が深く、庭園趣味を持ち、施主である藩主が芸術に対する最高の理解者であった。

兼六園は江戸の大名庭園の手法と京都の自然の美しさを基本にした公家庭園の手法、当時の芸能・芸術を取り込んで「用と美」の優れた造園技術を反映させ成立している。庭園の総合芸術的性格は、兼六園において極めて顕著に窺《うかが》える。

蓮池門跡から山径の園路を抜け、鬱蒼と茂る森をくぐると目の前にパッと視界の開ける千歳台《ちとせだい》は「広がり」と「のびやか」な視覚体験の大きな変化をつくり出し、回遊に驚きと楽しみを与えてくれる。江戸時代、大名庭園に多用されるようになった芝生は、多機能に耐える空間を提供してきた。霞ヶ池のある千歳台は行動的な空間をもつ芝生地もあって、上部が広々と開けた開放的な空間構成である。

山紫水明《さんしすいめい》の地に発達してきた京都の庭は、その気候風土から苔《こけ》庭が主流であった。北陸の地にある兼六園も自然に苔が生える気候風土から繊細で巧致な意匠をもたらした。スケールの雄大な武家文化と、きめの細かい公家文化の影響を受け、江戸の「粋《いき》」、京都の「雅《みやび》」、加賀の「潤《うるおい》」と称されるほどに、兼六園は独自の加賀文化を醸成する舞台となっている。園内に築山、曲水、渓流、滝、橋、灯籠《とうろう》、御亭《おちん》、名木などが配置され、変化に富んでいる。それぞれが芸術作品としての価値がある。回遊する魅力、楽しさはここにある。

古代から、その時代、時代にそれぞれの思いを込めて庭づくりがなされてきた。庭を散策するとき、石の姿・形・配置・据え方、水の動き、樹木、景物など、庭に込められた心を感じ取りながら観賞したいものである。

3 六勝兼備の庭
―住環境の基本理想―

全国の特別名勝の庭園について見てみると、兼六園ほど名称がその庭園の特徴を具体的に表現しているところはないように思われる。

兼六園は宏大《こうだい》・幽邃《ゆうすい》、人力《じんりょく》・蒼古《そうこ》、水泉《すいせん》・眺望《ちょうぼう》の6つの景勝を兼ね備えていて、名園の条件を示唆したものである。

宏大なものには幽邃(奥ゆかしく静か)な感じは少ない。人力(人工のもの)には蒼古(古びた趣)が少ない。水泉(水)の多いところには眺望が難しい。兼六園は宏大にして幽邃、人力がかっていて、しかも蒼古であり、高台で見晴らし(眺望)が良い上に、水がある。

このように、元来併せ持つことが困難な2つのことが充たされて3組も兼ね備わっている。この六勝は住まいの基本に関わる考え方や知恵が内包されていて、住環境の基本理想を示している。

曲水がゆったりと流れ、霞ヶ池へ流入している千歳台一帯は、明るく開放的で見通しも利き、広々として「宏大」である。内橋亭《うちはしてい》や栄螺《さざえ》山方向からの霞ヶ池への眺めも庭外の卯辰山を取り込み、空と水面が一体となって奥行きと雄大な広がりを持った庭景である。

千歳台の広々とした景観に対して山崎山《やまざきやま》、常磐《ときわ》ヶ岡《おか》・白龍湍《はくりゅうたん》、瓢池《ひさごいけ》・翠滝《みどりたき》周辺は鬱蒼とした樹林に覆われ、人里離れて奥深い「幽邃」の境となっている。

落葉広葉樹の森、山崎山の岩間から流れ出る渓流が曲水となり広々とした池を流れ、池からの一流は早瀬となって鬱蒼とした常緑樹林に覆われた石橋をくぐり深淵となり下の池へ流れ落ち、一流は岩底をたたく滝となって静けさを呼ぶ。

高台に曲水を流し、大池を掘り、山を築き、大滝を組み、その仕組みは大規模で人間の技量が充分に尽くされていることから「人力」の妙を窺うことができる。地形の妙、天然の景観を巧みに利用しながら人工の手が加えられているのである。

その人工的な中に、人の力が及んだとは思われないほどに深山幽谷《しんざんゆうこく》を思わせる「蒼古」の有様が常磐ヶ岡の白龍湍や山崎山の渓流、瓢池の翠滝付近に見られる。これらの区域はそれぞれが兼六園の築庭以前からの姿、常緑樹の森を今に残していて３００年余の歴史の重みと時間の深みからさびた趣を感じさせる。

園内を流れる清冽《せいれつ》で豊富な水は曲水となり、池水をたたえ、渓流、飛瀑《ひばく》となって「水泉」の美を構成している。水を生かした作庭の構想は大規模である。

水は山間や谷などの低いところに流れる。水と戯れながらの遠望を楽しむことはなかなか難しい。兼六園は見晴らしの良い高台で様々な水の競演を味わいながら、「眺望」が楽しめる。

千歳台の東北端からの眺めは雄大で、医王山、戸室山、卯辰山から内灘砂丘、日本海、遠くに能登半島を望むことができる。高台から人々の営みを見下ろし、足元には水が流れる。霞ヶ池では周辺の山々と蓬莱島《ほうらいじま》を水上に浮かべ、まるで丘の上で海を体験できる天上の楽園である。兼六園の六勝の中でも、枯れることを知らない辰巳用水の「水泉」と良好な見晴らしの立地を活用した「眺望」の共存は、他の庭園が真似できない最大の特徴である。

以上のように、兼六園には代表的な局部局所に列記した六勝の境地が表現されているが、それ以外にもたくさんある。兼六園の六勝を全園ににじみ込ませる懐《ふところ》の深い庭に守り育て、継承していければと願っている。

4 長寿・繁栄と興国・招福 ―作庭の思想―

兼六園は幾代もの加賀藩主により、長い年月をかけて形づくられてきた。作庭は神仏思想に基づき、一貫していたようである。大きな池を大海に見立て、その中に不老不死の神仙人が住むといわれる島を配することであった。藩主たちは、長寿と永劫《えいごう》の繁栄を庭園の中に求めた。

最初の作庭者である5代藩主前田綱紀《つなのり》は瓢池に、夕顔亭《ゆうがおてい》のある島、現在海石塔《かいせきとう》のある島、岩組のある島の3島を蓬莱《ほうらい》・方丈《ほうじょう》・瀛州《えいしゅう》の三神仙島として築いた。最後の作庭者である13代藩主前田斉泰《なりやす》も霞ヶ池に蓬莱島を浮ばせている。

時代が進むにつれて蓬莱の1島が他の島を代表することとなった。蓬莱の世界をより具体的、象徴的に表現したのが鶴亀である。「鶴は千年、亀は万年」と称し、不老長寿への憧《あこが》れは施主のみならず、来園者の万世を寿《ことほ》ぐ吉祥《きっしょう》の庭を表すテーマとして庭園に織り込まれてきた。霞ヶ池の「蓬莱島」は「亀甲《きっこう》島」とも称され、長寿の代表である「亀」の姿を現す。対岸には、鶴の姿を思わせる「唐崎松《からさきのまつ》」がある。

流水に杯《さかずき》を浮かべ、歌を詠んで遊ぶ曲線状の水路を「曲水」と呼ぶ。曲水は神仙島とともに、兼六園の特徴の1つである。曲水のルーツは中国にあり、それが禊《みそぎ》と深く結びついて、穢《けが》れを払い清めるという願いが込められ国力増大、興国の祝福を投影するものとなった。

子孫繁栄は江戸時代の大名たちにとって、藩の存亡に直結していただけに、世継ぎは多ければ多いほど安心であった。岡山・後楽園や高松・栗林公園にある陰陽石のように切実な思いを込めたものもあるが、兼六園では、鶺鴒島にある陰陽石は神域にさりげなくその願いを込めて組まれている。

他にも七福神山《しちふくじんやま》、亀甲橋(雁行橋《がんこうばし》)、おしどり石、千歳橋、不老坂、鳳凰山《ほうおうざん》、根上松《ねあがりのまつ》、龍石《りゅうせき》、獅子巌《ししいわ》、虎石《とらいし》などが園内の至るところにある。これらも永遠の繁栄と吉祥を招くことを祈った心の表象を庭園の形に表したもので、園内を巡りながらその思いを味わうことも楽しみの1つである。

5 風雅のこころ ―花鳥風月の憧《あこが》れ―

市街地が広がり生活の場から自然が遠くなると、まちの人は緑を公園や庭園に求める。都心部の真っただ中にある兼六園は文化的、歴史的遺産であるとともに、緑地空間としても貴重な役割を担っている。

兼六園はマツやモミの常緑針葉樹が主体であるが、山崎山や翠滝周辺は、カエデやケヤキなどの落葉広葉樹を主にした自然林、奥山の風景を、曲水沿いは里山の風景を再現している。

日本人が憧れる花鳥風月の風雅を庭園の景物《けいぶつ》に託し、四季折々の風情を楽しむ舞台としている。

例えば橋の名に、花見橋、雪見橋、月見橋、虹橋《にじばし》、日暮《ひぐ》らし橋、汐見橋《しおみばし》などの名称を付している。池(霞ヶ池)、灯籠(月見灯籠)、石塔(海石塔)、御亭(時雨亭《しぐれてい》)などの名称も自然の風物を楽しむ心を象徴している。また動物、生き物の形に似せた龍石、虎石、獅子巌、栄螺山、白龍湍、鳥の名を付した鶺鴒島《せきれいじま》、雁行橋、おしどり石、鳳凰山、植物の名を付した瓢池、夕顔亭、桂坂《かつらざか》、松濤坂《しょうとうざか》、桜ヶ岡《さくらがおか》などを園内の各所に配置している。

6 水景の演出 ―辰巳用水―

水は生命、豊穣《ほうじょう》、清浄の象徴であり、視覚、聴覚に心地よい刺激をもたらす。きれいな水のある風景に出合うとホッとし、水そのものが、人の気持ちをほぐしてくれる。人の生命は母親の羊水の中で育まれ、外の空気に触れるまでの数カ月間、水に浮遊しながら大切に守られている。水を庭園に利用することは、人にとって原点回帰である。

園内を流れる清冽《せいれつ》で豊富な水は、約10キロ離れた犀川の上流から辰巳用水《たつみようすい》を通って流れ込んでいる。

園の曲水をはじめとする水を生かした作庭の構想は、躍動する水の意匠を形づくり大規模で他庭に例をみない。水の動きを流水(流れ)、湛水《たんすい》(池)、落水《らくすい》(滝)、湧水《ゆうすい》(噴水)という水の造形にまで発展させている。それらを有機的に結合させて、園内の隅々にまで劇的な景観をつくり出している。この流れは、せせらぎ、小川風、渓流風、沢風、大河風など変化に富み、潺湲《せんかん》として流水の奏でる音を響き渡らせ、輝きを増す。

辰巳用水は山崎山の南小立野から御庭に取り入れられ、山崎山の下をくぐって曲水となって蛇行し霞ヶ池に流入する。途中の曲水に浮ぶ鶺鴒島の上流付近から分流した遣水《やりみず》は、明治紀念之標《めいじきねんのひょう》の前を流れて七福神山の南端で曲水の本流と合流する。曲水の花見橋と板橋の間で、一流は梅林を流れる遣水として分水され、一流は千歳台から1段下ったところに遣水として分水される。

霞ヶ池へ流入した水は池の北東部および西隅から2つの渓流となり、急湍《きゅうたん》(流れの

兼六園へ流れる辰巳用水は金沢市上辰巳町の東岩を取水口としている

急な瀬)をなして流下する。北東部の渓流は常磐ヶ岡の山麓《さんろく》で水を噴き上げ再び立て下り、霞ヶ池北西岸からの分水と黄門橋《こうもんばし》付近で合流し、水嵩《みずかさ》を増し白龍湍となり瓢池へ流れ落ちる。

霞ヶ池西隅からのもう一方の渓流は、先の千歳台から1段下ったところの遣水と栄螺山山麓で合流し、翠滝(男滝)となって瓢池に流れ落ちる。

長谷池《はせいけ》へと流れる水は、先の千歳台から1段下ったところの遣水が途中分岐する。長谷池から流れる遣水は時雨亭軒下をくぐり、亭の御庭を曲流する。花見橋下流から分流した遣水が梅林を巡り、時雨亭南で長谷池の遣水と合流する。そして小さな滝(女滝)となって瓢池へ流れ落ちている。

さらに、この庭園を巡る辰巳用水は隣接する成巽閣《せいそんかく》の御庭に生かされ、水の流れを楽しむ遊びの風流までに遣水の思いは徹底している。

兼六園の曲水から分流した遣水を茶室清香軒《せいこうけん》の土縁《どえん》の中まで入り込ませ、雪の日も流れを楽しめる工夫がされている。この茶室に面する庭園のほか居間や寝室に面する御庭にも遣水を引き込んでいる。

もともと辰巳用水は、城の防火、防衛などを目的に計画されたものであるが、後に松《しょう》風閣《ふうかく》庭園、金谷御殿《かなやごてん》庭園（尾山神社庭園）などにも引き込まれていた。辰巳用水を引き込んだ庭園群の水は、周辺市街地を潤して金沢の町の個性をつくり上げている。

7　自然主義に基づく作庭
―作庭記―

平安時代に記された日本最古の造園技術書『作庭記』は5代藩主前田綱紀の収集となるもので、兼六園や、金沢城玉泉院丸《ぎょくせんいんまる》庭園などの作庭のための文献として活用されたと考えられる。金沢市の個人宅には『作庭記』の写本があり、流麗な書風を誇る書写、上下2巻で国の重要文化財として指定されている。

「生得の山水をおもはえて……」に始まる『作庭記』は、雄大な自然主義の作庭論である。日本庭園史界の第一人者であった森蘊《もりおさむ》氏から「世界最古最優の造庭秘伝書」と絶賛されている。この作庭記の要旨を紹介すると「庭づくりの基本は、地形などの環境条件に従い、自然風景や優れたところを参考にして、施主の希望を充分くみとって、自分の趣向を加える」とあり、現代庭園にも生かせる貴重な技術書である。兼六園の作庭の思想や技法も、この自然風景への尊重が基本精神となっている。幾代もかけて造営されてきた兼六園が、一時代の作庭であるように統一感をみせるのは、基本的にこの自然主義に基づいた作庭によるものと思われる。

8 縮景庭園 ―理想世界の空間づくり―

庭園は理想世界をつくる世界観の表現である。限られたところで、その宇宙を表現するには「縮景」という技法がとられる。天然の名所、風景などを自然描写により縮小して理想郷をつくる技法の表現は3つの段階に分けられる。縮景テーマの風景を写実的に縮小し、自然から学び写す「写景」と、テーマの心を表現しようとする「写意」、対象の形を離れて抽象化を進める「象徴」の3段階で、さらに、あるものに何かを付け足して意味ある景にまとめる「修景」、徹底して人間の意志通りに景を造る「造景」などがある。江戸時代の大規模な庭園は、先に述べた技法を駆使して、庭景を各地の名所や旧跡、古典文学、謡曲などを題材に風景としてまとめ、独立的に1つのイメージ世界をつくりだしている。

自然風景からの縮景が基本となっており、兼六園もこうした景が園内に散りばめられ、特定の風景を模して再現されていると考えることができる。『霞ヶ池』は「琵琶湖《びわこ》」の景を写し、池に浮かぶ『蓬莱島』は「竹生島《ちくぶしま》」に見立てている。

また、栄螺山崖下の『親不知《おやしらず》』は「越後の難所」、『翠滝』は「那智《なち》の滝」を模し、翠滝付近一帯の池畔《ちはん》には京都の竜田《たった》、高尾、小倉山をイメージしたモミジの名所を取り入れている。『黄門橋《こうもんばし》』は白山市の吉野谷十勝の1つである「黄門橋」になぞらえてつくったものとも伝えられている。

園路沿いの局部の景勝の積み重ねはともすればせせこましいものになりがちであるが、兼六園は千歳台に大きな池が広がり、池の上部には眺望も開け遮《さえぎ》るものがない。園外の山や川、湖、寺の鐘声も取り込んで広々とした景観をつくりだしている。

歴代の藩主は能楽を好んだことから、随所に謡曲の舞台を採り入れて築庭されていたのではないかと想定される。『霞ヶ池』と『蓬莱島』は謡曲「げにげに此島は霊地にて」と謡われる「竹生島」の景を、『黄門橋』と『獅子巌』は謡曲「石橋《しゃっきょう》」の獅子が舞う能楽の舞台さながらの景を写しているとされる。霞ヶ池の北岸の木陰にうずくまる『虎石』

は、虎と見て放った矢が岩に突きささった故事を題材とした謡曲「放下僧《ほうかぞう》」、曲水に美しい彩りを映す『カキツバタ』は謡曲「杜若《かきつばた》」、『播州松《ばんしゅうまつ》』は謡曲「高砂《たかさご》」の相生《あいおい》の松など、いずれも謡曲にちなんだ姿を採り入れて庭の景色をかたちづくっているものとも思われる。これらは謡曲の舞台風景を作庭の意匠に生かし、その謡曲を連想することによる観賞を意図したものであろう。

他に、『曲水』と『七福神山』付近の造園は「盆景」の手法が、『唐崎松』『根上松』『乙葉松《おとはまつ》』などの名木も「盆栽」の手法が取り入れられていて、他の庭園では見られない庭の趣である。

以上のように特定の風景を模して再現されているが、四季の移ろいや朝夕の光の違い、晴れや雨、雪の天候、音、時間の変化を借りるなどして、そのままの自然の描写ではなく、そこには深い芸術性と古典・教養の世界が表現されている。

9　斬新《ざんしん》な意匠と素材
―造形の美―

兼六園は茶亭、御亭、橋、灯籠、石塔、手水鉢、噴水、築山、回遊するための園路、飛石などの庭園施設や景物を楽しみながら散策できる。これらは斬新なデザインと素材を駆使した庭園芸術である。

斜線の美

一般的に石敷のデザインは碁盤目模様であるが、日暮らし橋や金城霊沢《きんじょうれいたく》などの石敷きは、表面模様がすじかいの幾何学模様となっている。これを「四半模様《しはんもよう》」といって、兼六園ではそれが基本となっている。

日暮らし橋の石敷き

曲線の美

虹橋、黄門橋、雪見橋、花見橋などの反り橋や、徽軫灯籠《ことじとうろう》の竿《さお》に、緩やかなアーチ型の曲線が使われている。大きい曲線を描く小石川後楽園《こいしかわこうらくえん》に見られる円月橋《えんげつきょう》のような太鼓橋の趣味は本園にはない。

破調の美

兼六園のシンボルとなっている徽軫灯籠は、一脚が水中に、他方が陸上部にあって、脚の不均整さがかえって一種の破調の美を醸し出して、他庭には見られない大胆なデザインとなっている。

色彩と形の美

夕顔亭《ゆうがおてい》露地《ろじ》にある程乗手水鉢《ていじょうちょうずばち》と台石の組み合わせは、坪野石の黒色と円柱形、御影石の乳白色と四角形であり、色のとり合わせと形の対比が面白い。また、亀甲型の11枚の赤戸室石の組み合わせによる雁行橋や現存する日本最古の噴水は、洋風庭園にも調和する斬新な意匠である。曲水に架かる橋は石橋、木橋、土橋とそれぞれが工夫に富み、変化をもたせている。

明暗の美

常磐ヶ岡や瓢池一帯は、樹木鬱蒼として昼なお暗い。千歳台は明るく広大で庭園の景色は対照的である。

百間堀《ひゃっけんぼり》に面した正面入口、蓮池門《れんちもん》付近は視界が開けているが、松濤坂を上ると樹木が覆い茂り、緑のトンネルである。これをくぐると噴水前の広場に出る。そして桜ヶ岡の樹林地を通って眺望台に出ると急に明るい視界が開ける。以上のように、空間的に開いたり閉じたりしながら庭を観賞できるよう工夫がこらされている。また、霞ヶ池を周遊する園路などにもこの手法がとられていて変化のある庭景が楽しめる。

軸線　見通し線（ビスタ）の美

黄門橋から栄螺山の三重石塔への造園に、見通し線を設定して樹木が配置されている。奥行きと広がりをもたせる造園手法である。

また、栄螺山と曲水を結ぶ園路の霞ヶ池沿いからの眺めは、庭外の卯辰山を借景として取り入れ、近景に内橋亭、中景に蓬莱島、遠景に徽軫灯籠と虹橋を配置している。ここにも見通し線を配慮して霞ヶ池がつくられ、奥行きと宏大《こうだい》な広がりをもった庭景となっている。

10 戦略の庭
―金沢城の防衛―

兼六園の地は金沢城の東南に位置し、城の外庭としてつくられている。城とほぼ同じ高さの台地である小立野台方面からの外敵を防ぐ砦《とりで》の役割を果たしていたと考えられる。千歳台一帯は辰巳用水《たつみようすい》ができた頃、重臣の屋敷があって防備を固めていた。小立野側の屋敷前には辰巳用水を入れた外惣構《そうがまえ》堀があった。山崎山は惣構堀の土を盛り上げた土塁の跡で、氷室《ひむろ》跡地の池はもとの堀である。土塁には防備のための竹や樹木が植えられたが、その頃植えたケヤキが数百年を経た巨樹として残っている。山崎山の麓《ふもと》の巨樹が等間隔であるのも小立野台からの外敵に対応するためだったであろう。

百間堀も小立野台の先端に位置する金沢城の弱点をカバーするためにつくられている。霞ヶ池は「非常用貯水池」の役目を果たしていたと考えられる。

霞ヶ池の水は西の端から水門を越流し瓢池へ落ちていく。この出口から1メートルほど池に入ったところに「水落とし」と呼ばれる松材で作った装置があった。池の中央にも水栓が見つかり、有事の際、栓を抜くと霞ヶ池の水がどっと流れ出し百間堀の水位を上げることが可能と考えられる。

このように曲水や池泉と化する辰巳用水は、水泉の美の演出が目的であったものの、その陰で金沢城の「生命線」であったと想定される。

霞ヶ池の西岸にある「栄螺山」は、観月台とも呼ばれて月見台であったが、築庭当時、金沢城の

兼六園側から見た金沢城公園の石川門。手前のお堀通りはかつて百間堀だった

本丸よりも見通しが利き加賀平野が一望でき、万一を知らせる狼煙《のろし》台の役目を果たしたようである。平野に向かう西側は城と同様の石垣積みとなって残っている。

また、兼六園には息抜きの場、陣場の設《しつら》えを思い起こさせるところもあった。松濤坂から多くの茶店が並んでいるあたりに、蓮池馬場と呼ばれる調馬場があった。馬見所を兼ねた内橋御亭(内橋亭)があったところで、藩政期には武芸を学ぶ場としても使われていた。兼六園は藩主自らの安らぎを求める場であったとともに、城を守るための外郭の役割を併せ持っていた。以上のように、歴代藩主によって少しずつ形を変えていったが、兼六園という庭園の名を借りて、城を守り固めるための「戦略の庭」としてみることもできる。

11 兼六園の四季 ―時の芸術―

日本の庭園の美しさの1つは、四季の変化に対する敏感な表現によるものと言われてきた。桜色に染まる春、緑萌え水の輝く夏、錦に彩られる秋、銀世界の冬と、さらに兼六園周辺の森や山々を取り込んで、「山笑う春」「山したたる新緑」「山もえる秋」「白と黒のモノトーンの冬景色」と称される如く、兼六園の四季の移ろいは変化に富んでいる。兼六園において、四季の移ろいをさらに感じさせるのは、ケヤキ、カエデ、ハゼなどの落葉樹の森のほか、マツやモミの針葉樹と、カシやタブ、ツバキの照葉樹である。常緑の木々を背景に紅葉樹が植えられ、かすかな変化を見る手法がとられているのである。訪れた人々は、巡り来る季節の変化とともに、その装いを変えて迎えてくれる兼六園の表情を胸に刻み、違う季節の表情を見に再びここを訪れる。

春

風がなお冷たく頰《ほお》に触れるころ、妖《あや》しくも人の心を乱すまでに、温雅にあるいは華麗に花を咲かせる梅は、ふくよかなかぐわしい匂いを放って早春の季節をこよなく楽しいものにしてくれる。園内で一番早く咲くのは「八重寒紅《やえかんこう》」梅で、真っ白な雪をかぶった枝先に、真っ赤な花をのぞかせる。馥郁《ふくいく》としてせまりくる香りとともに一重や八重の紅白の花を次々と付けていく。

兼六園の春を飾るのはなんといっても桜。花といえば桜を意味するほどに、絢爛《けんらん》豪華に咲き誇る満開の桜の園。百間堀や桜ヶ岡、曲水沿いは花見客でにぎわう。潔《いさぎよ》く散り舞う花吹雪が日本人にとりわけ好まれるのは、人の運命《さだめ》を桜の花びらに託す心情が込められているからであろう。

百間堀沿いの崖地《がけち》や真弓坂《まゆみざか》にエドヒガンが咲くと桜の季節が始まる。桜の花は次第に園の中心に移っていく。兼六園の桜は約４２０本で、内訳はヒガンザクラ約80本、ソメイヨシノ約２００本、ヤマザクラ約40本、サトザクラ約50本、その他約50本である。４月に入るとソメイヨシノが一斉に開花し、兼六園は無料開放され、花見の季節を迎える。

ソメイヨシノが満開を終えると次々と名桜の花が咲き出す。一重系の濃紅色の「兼六園熊谷桜《くまがいざくら》」、白色の「旭桜《あさひざくら》」の花が開き、次いで八重系の花びらに葉緑体がある珍しい品種の「福桜《ふくざくら》」や「塩釜桜《しおがまざくら》」などであるが、その八重の中でも最も珍しいのは「兼六園菊桜《きくざくら》」である。これらの名木は一重から八重の花びら、菊咲き、白、紅、緋色など色とりどり、咲き始めから散り際まで色彩が変化するものもある。中には華やかさはなくとも気品があり、つつましやかに咲く花、開花期の長いものも多い。また、これらの名桜はそれぞれ個性があり多様で、花自体に存在感がある。群生する桜を愛《め》でる花見に対し、１つ１つの花をじっくりと眺め味わってみるという花見も楽しい。

夏

初夏は新芽の芽吹く季節。人はそこに万物の誕生を見いだした。古人は新緑の中で自然と一体化し、さわやかな涼風を浴び、好んで野遊びをした。かつて庭は観賞するだけの場ではなかった。舟を浮かべ、音曲を響かせて酒を酌み交わした。子孫繁栄のための祈りの場でもあった。さらに、各地の名所、旧跡、文学や芸能のテーマやそれにちなんだ景は、庭に華麗な彩りを添えた。

園内全体がみずみずしく鮮やかな新緑の季節に入ると、曲水では約1万株、約4万本のカキツバタが紫紺の花を咲かせる。その頃、曲水沿いと園内にあるツツジやサツキも花を競う。梅雨に入ると数多くの草木、苔類も思う存分に水気をたくわえる。兼六園の苔庭は一層輝きを増し、風情と落ち着きを取り戻す。真夏の暑さでも生い茂った木立の中に入ると、さわやかな木漏れ日と涼風が吹き抜ける。園内を巡る流れは、涼しげな水音を響かせ、夏の暑さを和らげてくれる。

秋

秋の到来をしみじみ実感するのは、真紅に染まる紅葉を目にしたときである。人は秋に寂寥《せきりょう》感(ものさびしさ)を覚え、紅葉に時の移ろいゆくはかなさを感じる。

苔庭に敷きつめられた紅葉の風情もまたひとしおである。霞ヶ池付近と蓬莱島では、マツの緑を背景に紅葉が池辺に映える。園内で特に紅葉の美しい区域は翠滝周辺と山崎山である。美しい紅葉《もみじ》が見られる落葉樹は約330本あって、その多くはイロハモミジである。次いでヤマモミジが多い。これらのカエデ科の紅葉のほか、黄色のイチョウモミジ、トチノキモミジ、深紅色・赤色のハゼモミジ、黄色や紅色、赤褐色など色とりどりの美しい模様を織りなす曲水沿いや桜ヶ岡、百間堀のサクラモミジも晩秋の錦を飾る。

色彩が最も豊かになるこの季節は、散り際までの短い間に「日本庭園の美」が凝縮される。中秋の名月の頃は、園内が皓々《こうこう》と輝いて澄み渡る。栄螺山や眺望台からの月見は格別である。

冬

毎年11月に入ると雪吊《づ》りが始まる。８００本近い樹木に施される雪吊り作業が終わると、本格的な冬将軍がやってくる。雪の積もった兼六園はほかの季節とは全く違う景色となる。真綿のような純白の雪が載ると、雪吊りは一層真価を発揮する。中でもりんご吊りは雄大で、美しい兼六園ならではの冬の景観である。

百数十筋に及ぶ縄が樹木を囲むように張られ、幾何学模様の円錐《えんすい》が大空に浮かぶ美しい景観は、縄の芸術であり、冬の北国を代表する風物詩である。一面銀世界となった風景は、静寂が辺りを包み込み、まるで水墨画の世界である。

2月上旬、冬の夜間開放が始まる。雪吊りは光に照らされ、夜空に巨大な黄金の傘を開き、まるで金箔や蒔絵をちりばめたように光り輝く。水泉の池は水鏡となり、黄金の雪吊りを映す。黄色の照明が当たると縄が金色に輝き、昼以上に造形美を際立たせ、庭の意匠を大きく変える。

村上　貢

兼六園の略史

―創造と変化を探って―

1 前田家と兼六園

市民に親しまれ、金沢の代名詞ともなる特別名勝兼六園は、「天下の三名園」（金沢の兼六園、水戸の偕楽園《かいらくえん》、岡山の後楽園《こうらくえん》）に数えられる大名庭園の1つである。兼六園は百万石大名前田家の庭として、蓮池庭《れんちてい》の作庭に始まり、歴代の藩主により長い年月をかけて形づくられ、江戸時代末期に今の形になったものである。その前身から現在の兼六園に至るまでの変遷を、前田家歴代の藩主のかかわりと共にたどり、兼六園の歴史を通観する。

《前田家の歴代藩主》

①前田利家《としいえ》
②利長《としなが》
③利常《としつね》
④光高《みつたか》
⑤綱紀《つなのり》
⑥吉徳《よしのり》
⑦宗辰《むねとき》
⑧重熙《しげひろ》
⑨重靖《しげのぶ》
⑩重教《しげみち》
⑪治脩《はるなが》
⑫斉広《なりなが》
⑬斉泰《なりやす》
⑭慶寧《よしやす》

兼六園の位置と名称

現兼六園の地は、かつては大きく2つの地区に分かれ、利用や歴史を異にするものであった。絵図①は１８２２（文政５）年頃の様子が描かれたもので、現在は全域が兼六園とされるが、江戸時代は図中にＡ・Ｂの地域に区分できる。

Ａ区は竹沢御殿《たけざわごてん》（後述）と馬場、Ｂ区は蓮池の地と区分できよう。Ａ区は小立野《こだつの》台地に続く千歳台《ちとせだい》の平坦部、Ｂ区は城と百間堀《ひゃっけんぼり》に対面する傾斜地で、蓮池の上の地と称された。

絵図②は延宝年間（１６７３～８０）のもので、Ａ区とＢ区の間に道が描かれており、Ａ区は藩士の屋敷地としての利用空間となっており、明確にＢ区と区分されている。Ｂ区は御作事所《おさくじしょ》（後述）と記され、庭園としての空間利用とは異なる時期にあたる。庭園として開かれるのはＢ区からであり蓮池庭（後述）と称された。Ａ区の竹沢御殿の庭園が当初、兼六園と称された箇所となる。兼六園の名称が現在のような範囲で定着するのは近代に入ってからのこととなる。

以上のように、千歳台と蓮池の上の地と2区分し、竹沢御殿庭（兼六園）と蓮池庭の存在があった。

１８７１（明治4）年2月、これらの庭園が一時的に一般開放されることになり、藩庁

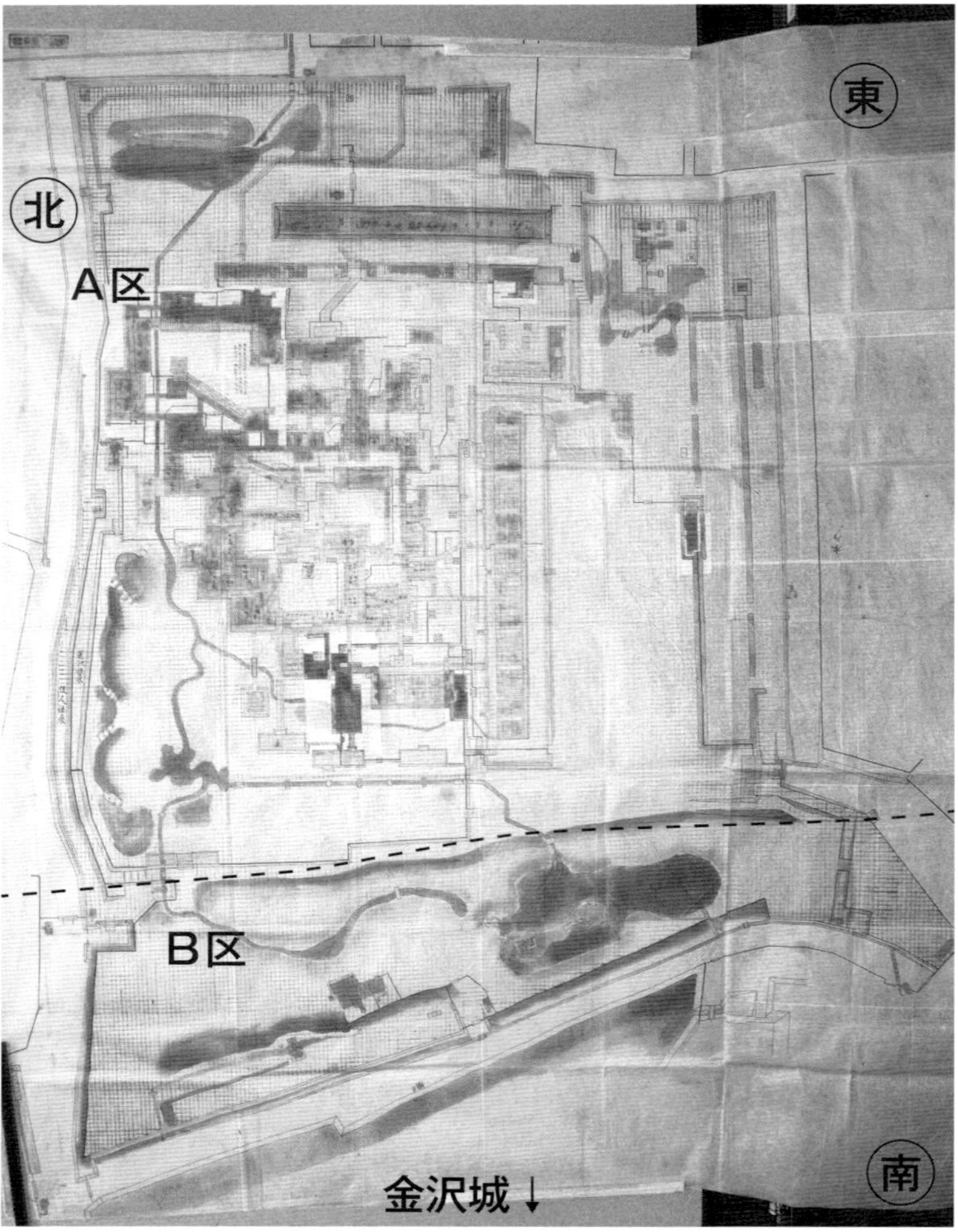

絵図①　竹沢御殿御引移前総囲絵図（金沢市立玉川図書館 近世史料館蔵）

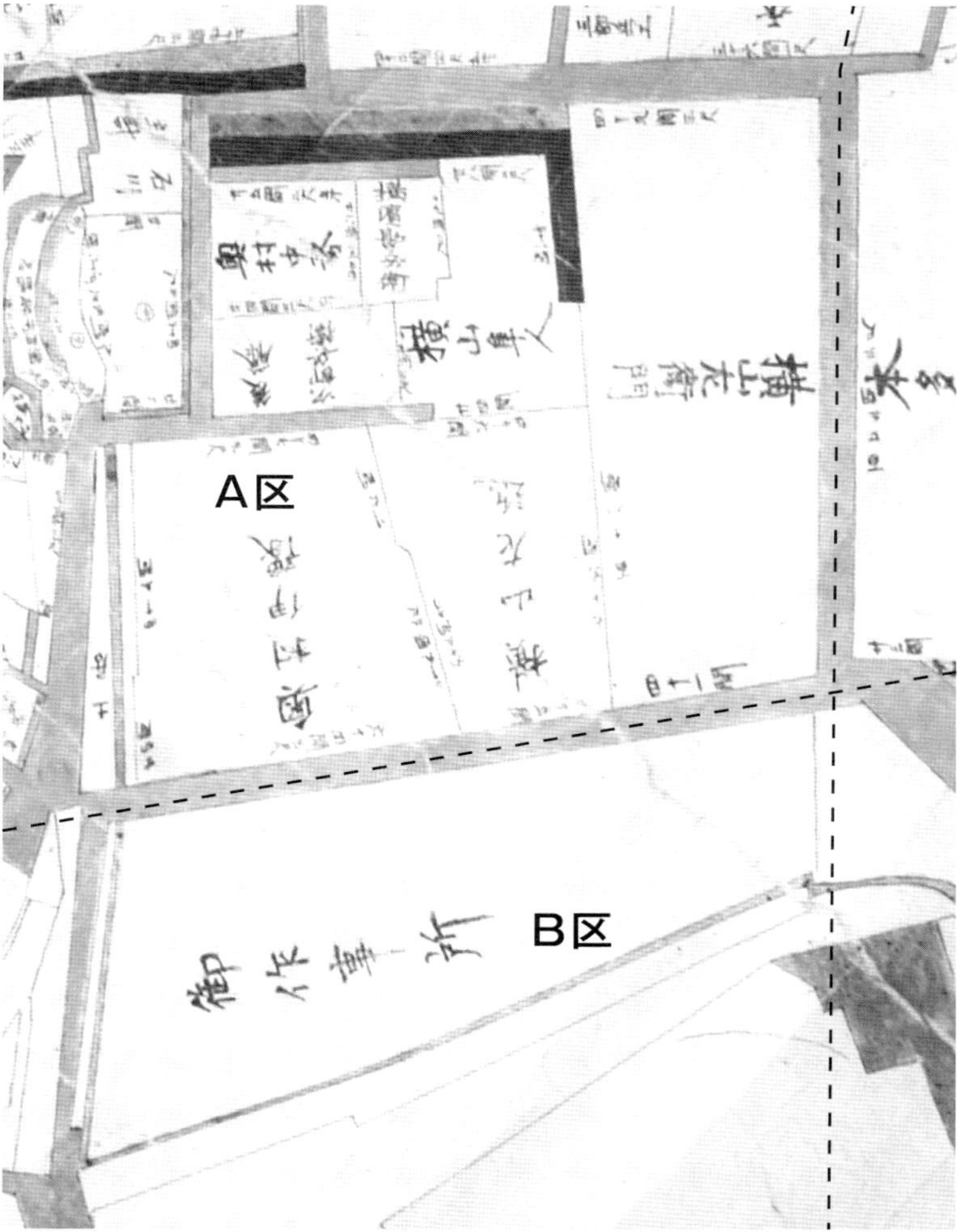

絵図②　延宝年間金沢城下図(金沢市立玉川図書館 近世史料館蔵)

よりの触書には「元蓮池御庭《れんちおにわ》」を「与楽園《よらくえん》」と改称して公開するとしている。これはB区の蓮池御庭のみ限定するものではなく、旧竹沢御殿庭(兼六園)をも含むもので、現在の兼六園の全体域を蓮池庭と総称していたことが窺《うかが》える。これから1871(明治4)年段階まで、現兼六園域は蓮池御庭と呼称されていたものと解釈できる。

「与楽園」の名称となって、間もない3月には再び改称がなされ、「兼六園」と称するることになる。現兼六園域を「兼六園」と称し、名称が定着するのは、1822(文政5)年の命名を別にして、この1871(明治4)年3月からといえるであろう。

2 兼六園前史

一　金沢御堂《みどう》・佐久間盛政《もりまさ》の時代

1546(天文15)年、現在の金沢城址《じょうし》の地に、本願寺が金沢御堂(尾山御坊《おやまごぼう》とも)を建て、加賀における一向宗徒の信仰の拠点となった。御堂は周辺地域を支配した一揆衆の防御施設でもあった。これにより境内(寺内)や門前に町も誕生し、金沢町の形成の一歩を歩み出すこととなった。

この期、現兼六園の地は御堂との間に低湿地(のちの百間堀、現在道路)を挟んだ地にあり、この低湿地には蓮《はす》が花を咲かせており、蓮池《はすいけ》と称されていた。

1580(天正8)年、金沢御堂は、北加賀攻略のため侵攻した織田信長《のぶなが》の軍によって陥落する。1488(長享2)年より加賀国を支配した加賀一向一揆の終焉《しゅうえん》である。

金沢御堂を陥落させた織田軍の柴田勝家《かついえ》は、御堂跡に佐久間盛政を配置し、金沢城とした。佐久間の城主期は1583(天正11)年までの3年余であり、合戦に明け暮れ、入城時には城としての普請もなされたであろうが、この間の現兼六園の地に対する動きは確認できない。盛政は1583年、賤《しず》ケ《が》岳《たけ》の合戦で豊臣秀吉《ひでよし》に敗れて処刑され、領地石川・河北両郡は前田利家に与えられ、利家は従前の能登七尾から居城を金沢城に移した。前田氏の金沢経営の始まりである。

二　初代前田利家・2代利長期

1583(天正11)年4月(旧暦)、前田利家は新城地金沢城に入城した。現在行われている「百万石まつり」はこの故事にちなむものである。利家は新城地金沢の呼称を尾山と改めた。呼称は2代利長の代よりは、ふたたび金沢に戻り、現在に至っている。

初代利家の時代には、千歳台と称されるようになる小立野台続きの地は、越前国から迎えられた宝円寺《ほうえんじ》と波着寺《はちゃくじ》の寺地とし、3代利常の代となる1620（元和6）年に小立野台に移転され、その跡地には藩士の屋敷が配されることになる（後述）。

現在、兼六園と金沢城の間は主要地方道金沢・湯涌・福光線（お堀通り）の道路となっているが、旧来より低湿地で、江戸時代は百間堀と称される堀が水を湛《たた》えていた。

この向かいの現兼六園の傾斜地上に利長による開発が始められ、蓮池《れんち》の地と呼ばれることになる。読みは「はすいけ」ともされたが、江戸後期には「れんち」が一般的になった。

三　3代利常・4代光高期

江戸町

1601（慶長6）年、将軍徳川秀忠《ひでただ》の次女珠《たま》姫が、3代藩主となる前田利常に嫁ぎ、その供として従ってきた数百と伝えられる人々の居住地として江戸町が造られた。

江戸町の位置を確定することはできないが、新丸御門の外に長屋が造成されたという記録から、新丸御門（石川門）の向かい蓮池上の北隅辺りとなろう。この推定地の発掘により、17世紀初頭と位置付けられる住居址が検出されている。

江戸町は1622(元和8)年、珠姫の死去により供人《ともびと》達は江戸に戻り、江戸町の存在は不要のものとなった。施設の処分内容は不明であるが、1631(寛永8)年には大火があり、遅くもこの期までには消滅したものと推測される。さらに1659(万治2)年には、江戸町推定地域には藩の作事所が置かれ、江戸町の痕跡《こんせき》は完全に払拭《ふっしょく》されてしまう。

3代利常と江戸本郷邸の育徳園《いくとくえん》

加賀藩の江戸藩邸というと、本郷の上屋敷、駒込の中屋敷、板橋(平尾)の下屋敷が想起されるが、これは1682(天和2)年と1683年以降のことで、それまでの上屋敷は辰口(和田倉門外)にあり、本郷邸は下屋敷であり、1626(寛永3)年段階にやっと四囲に垣・塀が巡らされた程度のものであった。

この下屋敷時代の本郷邸に、1629(寛永6)年4月に将軍徳川家光《いえみつ》と大御所《おおごしょ》秀忠の御成《おなり》が相次いだ。このため藩は将軍を迎えるにあたって、御殿や数寄屋《すきや》を新築し、庭園の整備が行われ、大名屋敷としての体裁が整えられた。

徳川秀忠の御成では、直ちに茶室に入り、膳が饗《きょう》され、茶事が行われ、次いで高殿(楼)

に登り、こののち中楽《さるがく》に興じている。この期には、御成に合わせたものであろうが、茶室・高殿など屋敷の体裁が整えられ、本郷邸の起源ともなる時期となるであろう。

「東都沿革図譜」には1638（寛永15）年に、庭園整備の様子として、泉水や仮山が造成され、富士見亭・麻木亭・達磨亭・唐笠亭・三角亭・鳩亭などが建設されたとする。この庭の様子は、江戸初期の江戸の景観を描いた「江戸図屏風《びょうぶ》」（国立歴史民俗博物館蔵）の中の本郷邸にも窺え、池とそこに架かる橋、茅葺《かやぶ》きの四阿《あずまや》、庭の石組み、滝、松などの植栽が描かれ、17世紀前半には本郷邸に庭園が存在していたことを物語っている。

この庭に育徳園の名が冠されるのは5代藩主綱紀の時で、「育徳園記」（『東京市史稿』遊園編一）によると、「境之勝者八（すぐれた境が八つ）、景之美者八（美しい風景が八つ）」を備えた庭であるとしている。現在の東京大学の三四郎池を中心とした辺りに育徳園が存在した。

本郷邸の育徳園は本格的な大名庭園として、金沢の蓮池庭（のちに兼六園に包括）に先行するものであるが、育徳園の命名者であり、蓮池庭の本格的な造成を始めたのは5代綱紀であり、両者は姉妹庭園ともいえる位置付けができるのではなかろうか。

千歳台の武家屋敷群

利常の代になり、千歳台の利用が始まる。初代利家以来この地にあった宝円寺・波着寺が1620(元和6)年、他所に移され、藩士の屋敷地とされた。屋敷を構えていたのは、1669(寛文9)年時、横山左衛門(任風《とうかぜ》)2万7千石、横山右近(守知)6千石、奥村伊予(有輝)1万3千石、横山隼人2千石、横浜勘兵衛550石、後藤次郎兵衛800石、奥村中務《なかつかさ》550石の7家であった(絵図②参照)。

この地の東南部には小立野からの進路を塞《ふさ》ぐように、惣構《そうがまえ》堀が位置している(絵図②参照)。この堀は東外惣構堀の起点にもなるもので、現在の山崎山裏の氷室跡地あたりは堀の痕跡であり、山崎山の原型も惣構堀の土居であった。

外惣構堀は1610(慶長15)年に造られたとされ、さらに藩士屋敷を配したが、1633(寛永10)年に来藩した幕府の巡見上使《じゅんけんじょうし》は、金沢城の防御の上で小立野口が難点であるとの指摘をしている。

このように17世紀の後半期の千歳台は、小立野口に対する防御線としての意味合いをもった地域であり、強いて云えば出曲輪《でくるわ》的な位置付けもできるのではなかろうか。

これらの武家地は、5代綱紀の代となる1696(元禄9)年に藩有地とされ、藩士は替え地に移った。この移動理由は、この地を綱紀の隠居所とする想定がなされ、また火除地として建物類を除くという方針によるものであった。また武家屋敷の撤去は千歳台を金沢城の防御線とする軍事的必要性が希薄化したということも考えられよう。

こののち、1792(寛政4)年、藩学校が置かれるまでの約100年の間、この地は空き地となる。

曲水の水源辰巳用水

庭園の歴史に直接関わるものではないが、兼六園の庭園要素の中で大きな位置を占める池や水路が存在しえる大前提として、辰巳用水による導水という要因がある。

辰巳用水は1631(寛永8)年の大火により、金沢城の本丸まで被災し、その対策として城内の水利を計る目的で、1632年に犀川の上流辰巳村より取水し、城内二の丸まで取り入れたものである。庭園造成の目的ではないが、城内に至る経路に兼六園が位置し、辰巳用水の存在により庭園内に水路・池を造成することができたのである。

11代治脩の時代となるが、1774(安永3)年に辰巳用水の上流部で山崩れが起こり、用水の水路が塞《ふさ》がれ、蓮池の庭に水が入らなくなるということもあった。

辰巳用水は玉川上水・箱根用水と共に日本三大用水の1つに数えられ、2010（平成22）年、国の史跡指定を受けている。

3　蓮池庭の時代

一　5代綱紀期

御作事所《おさくじしょ》と後藤程乗《ごとうていじょう》屋敷

綱紀が蓮池の地に庭園・御亭《おちん》などを造成し、のちの兼六園地の嚆矢《こうし》をなすまでにもいくつかの利用変遷があった。

1659（万治2）年には、城内より御作事所が旧江戸町を含む、蓮池の上の地に移された（絵図②参照）。御作事所の仕事は土木関係の中で、建物の建築や営繕を任とする役所で、金沢城内の営繕にあたる内作事奉行のほか、小作事奉行、大工頭、壁塗り、畳刺しなどから構成されていた。

この御作事所も、同地に座敷を建設するためとの理由により、1676（延宝4）年、この地に御座敷（御殿）が建設されることになり、再び城内に戻った。綱紀による庭園開発の計画によるものと考えられよう。

また、御作事所があった頃には同所に後藤程乗の屋敷があったとされ、程乗屋敷として伝えられている。後藤程乗は綱紀が京都から呼び寄せた金工師で、刀剣の付属品に象眼などの細工を施す高い技術を有する名工である。

作事所施設と重複するであろう後藤程乗の屋敷の存続期間・位置は不明であるが、程乗は1673（延宝元）年に亡くなっており、御作事所の移転前あるいは同期には程乗の屋敷にも変化があったものであろう。

蓮池御庭の造成

御作事所が蓮池の地から、金沢城内に移った1676（延宝4）年9月、元御作事所に蓮池御庭が造られ、蓮池御亭（以下、便宜上「御殿」と表示）となる御座敷が建てられた。兼六園の初期となる庭園造成の着手である。

1678（延宝6）年には、蓮池御殿に老臣などが招かれ、口切りの茶を賜り、饗応《きょうおう》の宴《うたげ》が催され、そののち御座敷から1町ほど離れた御泉水際御数寄屋において、綱紀みずからが点《た》てた茶が供されている。このことから、この期には蓮池御殿と付属施設、ならびに泉水をもつ蓮池の庭が出現していることが確認される。

御殿から1町(100メートル余)ほどの所の泉水とは、方向が分からないが、この泉水とは一名蓮池とも称される瓢池《ひさごいけ》のことと推測されよう。

1696(元禄9)年には、金沢城二の丸の増改築工事が始まり、同年8月江戸から戻った綱紀は二の丸御殿が工事中のため、蓮池御殿に入りここを居所とし、執務が行われた。臨時的なものではあるが、蓮池御殿が藩庁となったことになる。

1697年、二の丸御殿の造営が成り、6月、綱紀は二の丸御殿に移り、蓮池御殿は元の離宮・別邸の姿に戻った。

二　6代吉徳・7代宗辰・8代重熙・9代重靖期

1723(享保8)年に家督を継いだ吉徳は、1725年に老朽化した蓮池御亭の取り壊しを行い、新たに建て直しを行い、1726年には庭園の改修を行い、同年5月には年寄役以下による庭の見物が行われ、御亭と庭の整備が大方整ったことを窺わせる。

1727年には同じく老臣達の願により、紅葉観賞の会が催され茶・菓子が振る舞われた。吉徳の代に綱紀時代の蓮池御亭（屋敷）が新装なり、庭も改修・拡大がなされ蓮池御庭は一新されたものとなった。

7代から9代までの治世は、1745（延享2）年から1753（宝暦3）年と短期で、中でも9代重靖は家督を継承して4カ月後には亡くなるという事態であった。各々在位期間が短く、蓮池庭との関わりは薄く成らざるを得ないことになった。

7代藩主となる宗辰については、幼少期に蓮池庭との関連事項が見られる。1730（享保15）年、満5歳の時に、蓮池庭で初めて鷹猟を行い、小鳥を捕らえている。また1735（享保20）年、満10歳となる宗辰の乗馬初めが蓮池馬場で行われた。鷹狩り・狩猟の場としての蓮池の地が存在していた時期で、これ以降も狩猟の場としての記録が出てくる。庭は山里的な存在として機能・利用されていたのであろう。

この宗辰は1745（延享2）年に家督を継ぐが、1746年に22歳で亡くなる。

兼六園古図（金沢市立玉川図書館近世史料館蔵）

ついで、重煕が１７４７(延享４)年、８代藩主となる。重煕の蓮池御殿の利用は同年に観楓の宴(紅葉)が３日間にわたって年寄・家老らと開かれている。先にも紅葉観賞があったことを記したが、庭は紅葉の名所でもあった。

９代重靖については、先にも記したように在位４カ月で、金沢に住んだのは１月にも満たず、蓮池庭に足を運ぶこともなかったであろう。

三　10代重教・11代治脩期

重教家督の１７５５(宝暦５)年、幕府より巡見上使が派遣され、５月に金沢城の巡見が行われた。この時の昼食は蓮池御亭において饗されている。例外的な使用例ではあるが、蓮池御殿・同庭が対外的な公式の饗応の場としての機能も有していたことになろう。

宝暦の大火と蓮池庭

１７５９(宝暦９)年には、金沢城下で最大の被害をもたらした大火に襲われた。この火事は４月10日、泉野寺町の寺院より起こり、犀川を越えて南西から東北に向け城下の大半を焼き尽くした。この大火により金沢城の諸施設も大方焼失した。城下の焼失家屋は1万500余戸にのぼったとされる。これは武家地をも含む数字であるが、当時の町方の戸数は1万3千余と推測され、ほぼ城下全体に及ぶ被害であったといえよう。

蓮池御亭や庭も当然ながら焼失区域の中に位置しており、無傷ではなかった。蓮池庭の被害は金沢城に対面する門・塀などの箇所が類焼した。門では石川門向かいの柵御門、続いて蓮池庭の正門となる蓮池御門と下ノ御門、さらには辰巳櫓《やぐら》下の車橋が燃え落ちて坂ノ下御門、水御門、坂下御門が焼失している。蓮池御殿と庭は城側の被害にとどまり、御殿は焼失を免れたが、庭園そのものの被害については不明である。

治脩の蓮池庭整備

蓮池庭は、11代治脩の代となるまで荒廃化していたとされ、蓮池庭に関する記述は治脩の代までほとんど散見できなくなる。そして治脩の代に至り、現在の兼六園の原型となる蓮池庭の改修が本格的に進められた。

1774（安永3）年以降、翠滝《みどりたき》（松蔭滝《まつかげ》・紅葉滝とも）の改修、滝見（中島御亭・夕顔亭《ゆうがおてい》・瓢亭とも称す）の御亭造営、内橋御亭（明治7年に霞ヶ池《かすみがいけ》際に移動）が造営され、蓮池の4亭と称される時雨亭《しぐれてい》（高之御亭）、舟之御亭《ふなのおちん》がそろって出現し、庭園として一新された。

1792(寛政4)年、家老達の蓮池庭拝見の記録では、「巨木の林が空を覆い、苔むした大岩は数知れず、滝の音は園内に響きわたっている」と伝え、深山幽谷《しんざんゆうこく》の絶景がつくり出されていた。

藩校明倫堂《めいりんどう》と経武館《けいぶかん》

11代治脩は、1792(寛政4)年、藩校を千歳台の西南部に設置した。これは5代綱紀の代からの念願で、10代重教は綱紀の意志を継いで藩校設立を発起したが成らず、11代治脩が成就させたものである。

藩校は文学校としての明倫堂と、武学校としての経武館の2校からなり、学頭には京都から儒者新井白蛾《あらいはくが》を招いた。明倫堂においては、儒学・算学・医学・天文学など

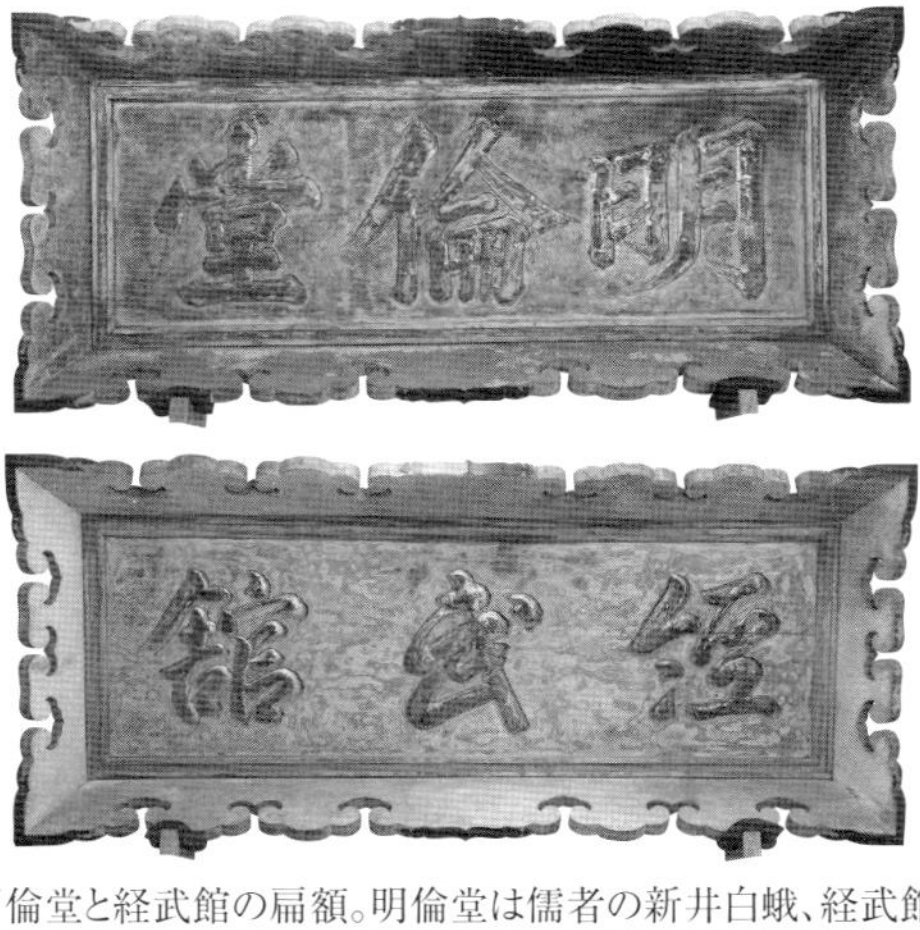

明倫堂と経武館の扁額。明倫堂は儒者の新井白蛾、経武館は八家の前田直方によって揮毫された(金沢大学資料館蔵)

が教授され、経武館においては、剣術・槍術《そうじゅつ》・弓術・馬術などが教授された。

藩校は藩治に有用な人材を育成するのが目的であり、武士のみでなく四民より志のある者を集める考えであった。

藩校の設置に伴い、儒学の祖である孔子を祀《まつ》る聖堂の建設も計画され、1794(寛政6)年に明倫堂傍《そば》に天満宮が勧請された。

藩校は1819(文政2)年、12代斉広の隠居所(幕府への届けは嫡子の斉泰居館建設のためとしている)を建てるため、東隅に移動し、さらに屋敷の拡大のため、1822(文政5)年、仙石町(現在の中央公園辺)に移動している。

4 兼六園の時代

一 12代斉広期

竹沢御殿

新御殿の建設は、1819(文政2)年、幕府の許可を得て、御殿造営にかかった。

1820年には千歳台と蓮池庭との間にあった道を廃し、蓮池庭を新御殿の庭に取り込んだ。3年余の歳月を費やし1822(文政5)年12月、隠居した斉広が新御殿に入った。この段階では「小立野の新御殿」と記されているが、同月16日より「竹沢御殿」と唱えると決められた。竹沢の名称は、斉広の持ち物に竹の印を用いていたことと、御殿の傍に金洗沢があることから、両者を合わせて名付けられたものと伝えられる。

御殿は部屋数200、4千坪の建坪をもつ豪壮なものであった。

竹沢御殿には天満宮を勧請した鎮守社も設けられた。藩校内にあった天満宮(聖堂)は学校と共に移転したとされる。御殿の鎮守社は明治に入ると、竹沢天神社となり、1874(明治7)年、金沢神社の社号となり現在に至っている。

兼六園の命名

「兼六園」の名称は、竹沢御殿の竣工にあわせ、1822(文政5)年9月(兼六園扁額年)に命名された。扁額《へんがく》の揮毫《きごう》は白河藩主で幕府老中も務めた松平定信《まつだいらさだのぶ》である。命名者は不明であるが、定信の『花月《かげつ》日記』(花月は定信の号の1つ)には、加賀藩12代藩主前田斉広が揮毫を定信に依頼し、命名については摂関家の人物がかかわっていると記されている。

兼六園の意は、李格非の『洛陽名園記《らくようめいえんき》』に洛陽の湖園は、庭園の要素として相反する要件である、「宏大《こうだい》」に対する「幽邃《ゆうすい》」、「人力《じんりょく》」に対する「蒼古《そうこ》」、「水泉《すいせん》」に対する「眺望《ちょうぼう》」という6つの要素を兼ね備えているとするものにちなんだものである。

「兼六園」が当初から6つの要素を備えていたか定かではないが、造園の理想として、また目標として命名されたものであろう。

兼六園扁額（石川県立伝統産業工芸館蔵）

二　13代斉泰・14代慶寧期

竹沢御殿の取り壊しと庭園整備

竹沢御殿が造られて、わずか2年後の1824（文政7）年、御殿の主である斉広が42歳で亡くなり、13代斉泰は竹沢御殿の取り壊しと、跡地の庭園化を進めることになる。取り壊しは1830（天保元）年から始まり、1840（天保11）年時には20余の部屋と能舞台が残る状態、1851（嘉永4）年には残った建物も撤去し、庭園の御亭（「御書斎」と称した）のみとするよう決められ、蓮池御庭同様の格とされ、帯刀・高足《たかあし》での出入りも許された。1860（万延元）年には蓮池庭と竹沢庭の間の門・塀が除かれ、両庭が一体化された。

御殿跡地は庭園として整備され、御殿内にあった池を拡充して1837（天保8）年、霞ヶ池をつくり、掘りあげた土をもって栄螺山《さざえやま》がつくられた。栄螺山はその形状がサザエのようであったことから名付けられたもので、江戸本郷邸の育徳園庭の栄螺山を模したものといわれる。霞ヶ池や園内の曲水も整備され、本格的な庭園化が進んだ。

竹沢御殿鎮守の祭礼と蓮池御庭公開

1852（嘉永5）年は、藩主前田家の祖とされる菅原道真《すがわらのみちざね》950回忌の年であり、竹沢御殿の鎮守である天満宮においても慶賀の神事が行われ、家臣のみではなく町人の参詣が仰せつけられた。この参詣の時に蓮池御庭の拝見も許されている。庭を拝見するにあたり、庭を荒らさないため高足（下駄）の者は裸足《はだし》になったという。

竹沢御殿鎮守の祭礼は1852（嘉永5）年以前より行われ、文政期に鎮守が造営された時に、町人の参詣が許されているが、御庭拝見を伴うものは、この1852年の祭礼が最初であろう。また、町人が御庭に入った最初のことともなるであろう。

竹沢御殿の鎮守は12代斉広の建立となる。祭神の天神絵像は「菅相公御真筆之尊像」とされ、もとは後北条氏の小田原城にあったもので、落城の時に取り出され、のち奥州棚倉城に置かれたが、棚倉城ものちに焼失し、越後柏崎村の者に伝えられ、1804（文化元）年、越後高田において前田斉広に献上されたものと伝えられる。また、同社の雪《せっ》舟《しゅう》等《とう》楊《よう》（1420〜1506）筆「天神名号」は石川県指定文化財となっている。

巽《たつみ》御《ご》殿《てん》と成《せい》巽《そん》閣《かく》

斉広の正室真《しん》龍《りゅう》院《いん》は1838（天保9）年、江戸から金沢に入国し、金《かな》谷《や》御《ご》殿《てん》や金沢城二の丸に住したが、14代藩主を継ぐことになる慶寧家族の金沢入り、13代斉泰夫人の帰国などが予定され、新たな御殿が必要となり、1863（文久3）年、巽御殿の造営となった。建物は約1千500坪余で、建物の用材には取り壊された竹沢御殿の用材が多く転用されたという。また巽御殿の造営は竹沢御殿の存在の跡形を完全に払拭させるものともなり、ここに現在見る兼六園の様相・景観が生まれた。

1866（慶応2）年、巽御殿で象・虎・駱《らく》駝《だ》などが上覧に供され、老臣達も竹沢庭において見物している。

巽御殿の名は、13代斉泰が城の辰巳の方角に位置するところから、辰巳を巽の文字に替えて名付けたとしている。1870（明治3）年、真龍院は亡くなり、1874（明治7）年、斉泰が唐の白行簡の賦を引用して、成巽閣と改称した。

与楽園から兼六公園へ

1866（慶応2）年、藩主は14代慶寧の代となり、明治となって1869（明治2）年の版籍奉還まで金沢藩々主、1871（明治4）年7月の廃藩置県まで藩知事の任にあった。

慶寧在任の最後の1871年2月、兼六園は与楽園の名で一時的に一般公開された。与楽園とは、四民偕楽を目的にした名であった。この時には期間が設定され正・2・3・6・7・8・9月の数日に限られ、

兼六園鳥瞰図（金沢市立玉川図書館近世史料館蔵）

雨天の場合は中止、入場者の高足使用は庭が荒れるのを配慮して禁止するというものであった。明治という時代を迎え、大名庭園兼六園は市民の公園としての歩みを始めることになった。

1871(明治4)年3月には公園化を契機に、現在名の「兼六園」に改称された。与楽園の名は1カ月に満たないものであった。

1872年になると、常時開放となり、1874(明治4)年には兼六公園として正式開放とされた。

5 兼六公園の時代

兼六公園の変遷と諸施設

先の巽御殿は真龍院の没後、住人の居ない館となり、1870(明治3)年には鉱山学所、同年から1871年にかけて英仏学の教授を行う中学東校が置かれた。

また、1870年、山崎山南麓にドイツ人の鉱山教師デッケンのために洋館が建てられた。六勝を備えた庭園に石川県初の西洋館が姿を現し、時代の変化を目の当たりにした。

1871年には時雨亭跡に舎密《せいみ》（化学）の理化学校が設置され、1872年には園内に居住・出店が可能となった。この年、デッケンの鉱山学所、理化学校は閉鎖された。

1874（明治7）年5月、太政官布告によって正式に公園と位置付けられ、庶民遊覧の地として茶店などの建設が許され、土地の無償貸与や建築物の構築が許可された。また蓮池馬場や土居などは撤去され風致に変化を生じさせた。

同年6月には博覧会が巽御殿を会場に開催され、1876（明治9）年にはデッケンの洋館と巽御殿を合わせて金沢博物館を開設し、1878（明治11）年には西洋館を東本館、旧英育学校であった所を西本館集産館、旧巽御殿を機械館成巽閣とし、1880（明治13）年には「殖産の途を拡張せんことを企画」

デッケン居館の風景画（金沢市立玉川図書館近世史料館蔵「辰巳旧園新造客殿図」）

する施設として、石川県勧業博物館と改称し、1908（明治41）年まで存続した。石川県における文明開化の拠点的な役割を担う場所となったのである。

博物館には図書室も併設され、これが現在の石川県立図書館の前身となる。1908年、博物館の廃止に伴い、県立図書館設立の機運が高まり、1911（明治44）年に建設が始まり、1912（明治45）年に落成し、業務が始められた。1966（昭和41）年、本多町の現在地に移転した。

1880（明治13）年、「明治《めいじ》紀念《きねん》之《の》標《ひょう》」として日本武尊《やまとたけるのみこと》像《ぞう》が建造された。これは1877（明治10）年の西南戦争による政府軍戦没者慰霊のためのものである。屋外の人物像では日本最古の銅像と言われている。

1890（明治23）年から石川県が公園の直接管理を開始し、1891年には地内貸

明治7年　石川県金沢博覧場列品之図
（金沢市立玉川図書館近世史料館蔵）

し下げ規則を改正するなどの働きかけにより、公園内の管理が強化された。公園の南西部に金沢市第２代市長になった長《は》谷川《せがわ》準也《じゅんや》が邸を構えていたが、１８９５（明治28）年、県が買い上げることになり、１８９７年、長谷川邸は公園内に編入された。

　以降も公園としての整備が進められ、明治30、40年代には園内の料亭や茶店が取り払われている。こうして、１９２２（大正11）年に至り、「金沢公園」の名で史蹟名勝天然紀念物保存法により、国の名勝に指定された。

　公園名は１９２４（大正13）年、内務省の告示により「兼六園」の名称に復した。

金沢於公園紀念標新築大祭之図（金沢市立玉川図書館近世史料館蔵）

兼六園の文化財

昭和年代に入り、公園内の文化財が国の指定を受けるようになる。1928(昭和3)年には初代菊桜が天然記念物に、1929年には成巽閣の飛鶴庭《ひかくてい》が名勝に、1938(昭和13)年には成巽閣が国宝に指定された。

これらは、戦後の文化財保護法の制定により変化はあるが、1950(昭和25)年、成巽閣が重要文化財に、兼六園は名勝に指定され、さらに1985(昭和60)年、特別名勝に指定された。

名勝とは公園など風致・景観に優れ、学術的価値の高いものが指定され、それらの中でも特に価値の高いものが「特別名勝」となる。2015(平成27)年時で国の特別名勝は36件となっている。

県指定の文化財では、成巽閣三華亭・辰巳長屋・土蔵・中庭、兼六園の夕顔亭がある。

兼六園の有料化

1976(昭和51)年、兼六園は保護・保存を目的に入園は有料となった。兼六園庭園の保存については、近年に問題化した訳ではなく、1915(大正4)年に設立された「兼六園保勝会」が保存方策として、開放区と不開放区を設け、不開放区については有料化を提起している。この案は実効化しなかったが、100年程前から懸案であったものである。

2000(平成12)年、明治期に老朽化によって取り壊された時雨亭と寛政期にあった舟之御亭の復元がなされた。兼六園を代表する「蓮池庭の4亭」の2亭が戻り、往時の庭園景観を蘇らせる努力もなされている。

宇佐美　孝

“Kenrokuen” Garden of the Six Sublimities

According to ancient Chinese tradition, there are six different sublime qualities to which a garden can aspire. Grouped in their traditional complementary pairs, they are spaciousness and seclusion, artifice and antiquity, water-courses and panoramas. As might be imagined, it is difficult enough to find a garden that is blessed with any three or four of these desirable attributes, let alone five, or even more rarely, all six. Yet that is just the case here, where, as the name “Kenrokuen” indicates, we can find these qualities perfectly combined (ken-), all six (-roku-) of them, in one garden (-en).

The Four Seasons of Kenrokuen

Winter：Starting with the Karasaki Pine, on the first day of every November trees all over Kenrokuen and Kanazawa are tied up with yuki-tsuri, maypole-like bamboo and rope supports, that protect them from the heavy, wet snow of the Hokuriku region.

Spring：Entering the north entrance of Kenrokuen, one passes through a sloping path between beautiful old Japanese cherry trees. For a few fleeting days in early April, when the trees are in full bloom, an ephemeral pastel canopy of delicate cherry blossoms floats over the path.

Summer： A luxurious carpet of moss stretches out cool, green and quiet under the maples, zelkovas and horse chestnuts below Yamazaki-Yama Hill, in the top of which is a delightful little shelter and an unusual sun, moon and stars stone Pagoda.

Autumn：The south-eastern region of Kenrokuen, from the Chitose Bridge to Yamazaki-Yama Hill, is devoted mainly to deciduous trees such as the Japanese maple and zelkova, so that in the autumn the area is a glorious expanse of all the fall colors, from gold to crimson to russet.

For a tour guide in Kenrokuen Garden, please contact Kenrokuen Tourism Association (TEL：076-221-6453, in Japanese language only)

「兼六園」のパンフレットより

Welcome to Kenrokuen Garden

When Kenrokuen started life as the back garden of Kanazawa Castle over 300 years ago there were four cottages in it. Each cottage has experienced its own ups and downs, but now they are finally back together again.

Pre-Garden Period

1583：Maeda Toshiie (the 1st lord of the Kaga clan) claims Kanazawa.
1601：Princess Tama-hime, a granddaughter of Ieyasu, the first Tokugawa Shogun, comes to Kanazawa as bride to Toshitsune (the 3rd lord).
1631：Fire destroys Kanazawa Castle and much of Kanazawa.
1632：Tatsumi Waterway built to supply water for fire fighting.

Lotus Pond Garden Period

1676：Making use of a nearby open area, the Lotus Pond Garden (Renchi-tei, originally called "Hasuike-no Ue Oroji") and Villa is built by Tsunanori (the 5th lord) in the outer grounds of Kanazawa Castle.
1759：Garden & tea ceremony rooms partially burnt down by a massive conflagration.
1774：Garden rebuilt & added to by Harunaga (the 11th load).

Chitose-dai Expansion Period

1822：Tatsumi Waterway is diverted through the Lotus Pond Garden. Takezawa Villa is completed for Narinaga (the 12th lord).
1824：Takezawa Villa demolished after the death of Narinaga.
1837：Nariyasu (the 13th lord) enlarges the Misty Pond and further expands the garden to the South-East, including new streams and landscaping.

Post-Meiji Restoration Period

1874：End of the feudal era & abolishment of the clan lordships. Kenrokuen opened to the public for the first time ever.
1922：Declared a national "Site of Scenic Beauty".
1985：Promoted to "Site of Special Scenic Beauty".
1994：Beautification of the area around Hase Pond starts.
2000：Hase Pond area restoration completed, including "Shigure-tei" and "Funano-ochin".

執筆者
「兼六園の見どころ」
「兼六園のこころとかたち」
村上　貢（石川県文化財保護指導員）
「兼六園の略史」
宇佐美　孝（金沢学院大学非常勤講師）

監修
石川県金沢城・兼六園管理事務所

協力
兼六園観光協会
城森順子（金沢城・兼六園研究会員）

主な参考文献

『石川県勧業博物館創立十年略記』石川県勧業博物館編　1883
『加賀松雲公』上巻　近藤磐雄著　1908
『加賀藩史料』幕末編　前田育徳会　1928
『加賀藩史料』（一～十五）前田家編輯部　1929～1943
『金沢古蹟志』森田平次著　金沢文化協会　1934
「兼六園の研究」（一）田治六郎著『造園雑誌』第八巻一号　1941
『加能郷土辞彙』日置謙編　北國新聞社　1956
『市史年表　金沢の百年　明治編』金沢市史編さん室編　1965
『写真で見る東京の庭―江戸時代から現代まで』西田富三郎著　金園社　1971
『兼六園全史』兼六園全史編纂委員会編　兼六園観光協会　1976
『加賀辰巳用水―辰巳ダム関係文化財等調査報告書』同調査団編　1983
『特別名勝兼六園』「兼六園」編集委員会編　北國新聞社　1987
『特別名勝兼六園（江戸町跡推定地）発掘調査報告書』石川県埋蔵文化財センター　1992
『兼六園「明治紀念之標」修理工事報告書』石川県兼六園管理事務所　1993
『兼六園歳時記』下郷稔著　能登印刷出版部　1993
『きくざくら』（5～22）兼六園研究会　1996～2013
『大名庭園』白幡洋三郎著　講談社　1997
『特別名勝兼六園―その歴史と文化―』橋本確文堂企画出版室編　1997
『兼六園旅物語』下郷稔編著　ほおずき書籍　1999
『兼六園長谷池周辺整備事業報告書』石川県兼六園管理事務所　2000
『加賀殿再訪』西秋良宏編　東京大学総合研究博物館　2000
『「兼六公園」の時代』石川県立歴史博物館編・発行　2001
『金沢城と兼六園』石川県金沢城・兼六園管理事務所　2004
『金沢市史』通史編1・2　金沢市史編さん委員会編　2004・2005
『日本の庭園―造景の技とこころ』進士五十八著　中央公論新社　2005
『兼六園を読み解く』長山直治著　桂書房　2006

蓬　萊　堂

㈼夏期/9:30〜17:00、冬期/9:30〜16:30
㈿木曜日

〒920-0936　金沢市兼六町1-18
TEL.076-221-5675　FAX.076-221-5674

金沢城公園の石川門を見渡せる位置にある。高級九谷焼から地域限定のキャラクターグッズまで幅広く取り揃えている。

見　城　亭

㈼夏期/9:00〜18:00、冬期/9:00〜17:00
㈿なし

〒920-0936　金沢市兼六町1-19
TEL.076-263-7141　FAX.076-222-4139

桂坂入園口の横に立地している。老舗の高級和菓子や地酒を販売し、郷土料理を手頃な価格で提供している。予約があれば、夜に本格的な会席料理を用意する。

兼　六　亭

㈼夏期/8:30〜17:00、冬期/8:30〜16:30
㈿なし

〒920-0936　金沢市兼六町1-20
TEL 076-231-4559　FAX.076-222-0177

噴水の前にある。「じぶそば」が一番の人気メニュー。加賀銘菓や九谷焼、加賀友禅小物などの工芸品も多く取り揃えている。

寄　観　亭

㈼夏期·冬期/8:00〜17:00
㈿なし

〒920-0936　金沢市兼六町1-21
TEL.076-221-0696　FAX.076-222-8780

徽軫灯籠の前に位置している。安価で郷土料理を楽しめ、土産品も豊富に揃えている。各種団子の中で「納豆もち」は独自の名物となっている。

内　橋　亭

㈼夏期/9:00〜17:00、冬期/9:00〜16:00
㈿水曜日（不定）

〒920-0936　金沢市兼六町1-22
TEL.076-262-1539

霞ヶ池のほとりにある。金沢名物あんころ餅、お抹茶（お菓子付き）、甘酒、そば、丼物などを用意している。

茶亭ことぶき

㈼夏期/8:30〜16:30、冬期/8:30〜16:00
㈿不定休

〒920-0936　金沢市兼六町1-24
TEL.076-221-2932

日本武尊像のそばにある。食事や抹茶をはじめ、春は花見だんご、夏は涼感溢れる氷水やくずきり、秋·冬には自家製のぜんざい、甘酒などを提供する。

兼六園観光案内所

㈼夏期/9:00〜17:00、冬期/9:00〜16:00　㈿年末年始

〒920-0936 金沢市兼六町1-25　TEL.076-221-6453　FAX.076-221-6453

兼六園·金沢城公園及び周辺の観光地·観光施設の紹介、兼六園の専門ガイドによる案内（1周30〜40分、1500円）を行う。

兼六園観光協会の茶店12軒

兼六園三芳庵
(営)夏期/9:00～17:00、冬期/9:00～16:30
(休)水曜日

〒920-0936　金沢市兼六町1-11
TEL.076-221-0127　FAX.076-221-0127

瓢池の畔にある。翠滝の音を聞きながら、抹茶や加賀料理弁当を味わえる。10人以上で1週間前までに予約すれば、夜のもてなしも行う。

城　山　亭
(営)夏期/9:00～17:00、冬期/9:00～16:00
(休)不定休 ※予約申し込みが有る時は時間外営業有

〒920-0936　金沢市兼六町1-13
TEL.076-221-6848　FAX.076-221-6848

辰巳櫓を支えていた高い石垣がすぐ目の前に見える。手頃な価格で「治部煮」などの加賀料理が出される。地酒も取り揃えている。

清　水　亭
(営)夏期/8:30～17:00、冬期/8:30～16:30
(休)なし

〒920-0936　金沢市兼六町1-14
TEL.076-221-4963　FAX.076-232-0550

土産物と食事に加え、甘味処としても知られる。かつては「出世だんご」と呼ばれた「兼六だんご」は昔ながら手法でコシヒカリの粉から作っている。

堤　　亭
(営)夏期・冬期/8:30～17:00
(休)なし

〒920-0936　金沢市兼六町1-15
TEL.076-221-2387　FAX.076-223-8025

九谷焼、加賀友禅、金箔工芸などが並び、自家製甘味や治部煮、そば、うどん、定食などを用意している。

九谷東山窯
(営)夏期/10:00～18:00、冬期/10:00～17:00
(休)なし

〒920-0936　金沢市兼六町1-16
TEL.076-231-2008　FAX.076-223-6206

（社）日本工芸会正会員の吉崎英治氏（二代東山）と東山窯の作品を展示販売する九谷焼作家のギャラリーである。

万　清　亭
(営)夏期・冬期/9:00～17:00
(休)なし

〒920-0936　金沢市兼六町1-17
TEL.076-221-2479　FAX.076-221-2479

他では探せないような九谷焼の様々な作品を手頃な価格で提供している。骨董の九谷焼も数多く取り揃えている。

な行

は行

ま行

や行

ら行

索　引（兼六園の見どころ）

あ行

か行

さ行

た行

本書の「兼六園の見どころ」と「兼六園のこころとかたち」は１９８７（昭和62）年に発行された北国出版社発行の『特別名勝　兼六園』をもとに、大幅に加筆、修正を加えました。「兼六園の略史」は新たに書き下ろしたものです。

兼六園

２０１３（平成25）年９月１日　第１版第１刷
２０１６（平成28）年１月25日　第１版第２刷

監修　石川県金沢城・兼六園管理事務所
〒９２０-０９３７
石川県金沢市丸の内１番１号
ＴＥＬ　０７６（２３４）３８００
ＦＡＸ　０７６（２３４）５２９２
電子メール　jyousi01@pref.ishikawa.lg.jp

発行　北國新聞社
〒９２０-８５８８
石川県金沢市南町２番１号
ＴＥＬ　０７６（２６０）３５８７（出版局）
ＦＡＸ　０７６（２６０）３４２３
電子メール　syuppan@hokkoku.co.jp

ISBN 978-4-8330-1950-7　C0026